붓다의 정치철학 탐구

붓다의 정치철학 탐구

방영준 지음

인북스

붓다 다르마의 씨앗을 심어 주시고
큰 지혜와 자비로 감싸주신
이정화 스님께 이 책을 바칩니다.

다르마를 찾아가는 여정의 고뇌와 환희

불교와의 만남은 운명이었다. 6·25 전쟁 중 마산으로 피난 가서 처음 불교와 조우하게 되었다. 마산의 어느 목욕탕 2층이었다. 그곳에서 소천 스님과 광덕 스님(당시에는 고 처사로 불림)이 '금강경 독송 구국원력대'를 조직하여 활동할 때였다. 당시 초등학교 2학년생으로 모친의 손에 이끌려《금강경》독송 소리를 자장가 삼아 졸던 기억이 지금도 생생하다. 그때 모친께서 주신 '관세음보살' 사진을 항상 지니고 다녔으며, 사진이 낡으면 몇 번이나 재인화해서 지금까지 간직하고 있다. 서부 전선 철책선에서 군대 생활을 할 때도 항상 관세음보살을 염송하였고, 어려운 환경 속에서 대학교수라는 직함을 가지고 살게 된 것도 관음기도 덕분이라고 생각하고 있다. 필자는 불교와 인연을 맺은 이래 지금까지 그 인연을 매우 큰 행운으로 생각하고 감사의 마음을 지녀왔다. 대학 시절에는《벽암록》의 내용을 팔고 다니면서 주변으로부터 도사니 선사니 하는 별명을 얻었는데 이러한 타이틀에 은근한 자부심을 느끼기도 하였다.

그러나 10여 년 전《불교평론》과 인연이 되어 불교평론에서 주관하는 '열린논단'에 참여하면서 혼돈이 시작되었다. 불교 이론의 논쟁점에

눈이 뜨기 시작하였고, 붓다의 말씀으로 소중하게 여겨왔던 경을 두고 불설·비불설의 논쟁을 펼치는 것을 듣고 가슴이 철렁했다. 수많은 경전 속에 있는 서로 다른 내용의 다툼도 알게 되었다. 더구나 내가 평소 염송하는 관세음보살님도 대승불교에서 제조된 것이라 하니 이 천진한 불자의 당황스러움은 적지 않았다.

나의 붓다 사랑과 불교 신앙을 재건축하기로 하였다. 그동안 살고 있는 움막 같은 집은 엉성하여 밤하늘의 별은 볼 수 있지만 비를 피할 수는 없을 것 같았다. 그리고 오랫동안 가슴에 품어온 관음보살을 재창조하여 나와 일체화시키겠다는 염원도 갖게 되었다. 이와 함께 육십이 넘어 정년을 바라보면서 불교에 관한 책을 본격적으로 탐독하기 시작하였다. 인연이 있어서 그런지 추리소설을 읽는 것처럼 궁금증이 더해 가고 재미도 수월찮게 있어 다양한 불교 서적을 즐겁게 배회하였다. 동시에 불교 공부는 나의 전공에 깊이와 넓이를 확장하여 주기도 했다. 대학원 시절 광덕 스님께서 불교 공부하면 전공에 많은 도움을 줄 것이라던 말씀이 새삼스럽게 다가왔다.

그러나 다양한 불교책을 읽으면서 동시에 많은 혼란도 느꼈다. 어떤 때는 혼란을 넘어 뒤죽박죽되었다. 저자의 입장과 위치에 따라 붓다와 불교를 이해하는 시각이 다름도 확인하였다. 이러한 유랑의 와중에서 나름대로 불교 이론에 대한 이해의 폭이 넓어졌고, 붓다 다르마의 위대성을 재삼 확인하는 기쁨도 많았다. 또한 이론적 논쟁이 많은 무아와 윤회의 문제를 복합체계이론의 틀로 접근하는 논리를 만들면 '나가세나'의 《나선비구경》의 내용보다 더 설득력이 있을 거라는 오만도 피워 보았다. 그러나 붓다의 지혜를 찾는 것이 아니라 관념의 늪에 빠져 문자불교, 지식불교에 집착하는 것은 아닌지 하는 의문이 들기 시작하였다. 그러면서 불립문자를 내세우고 형이상학적 사색과 이론을 비판하는 선불교의 의미가 새롭게 다가왔다.

다양한 불교 이론은 동시에 나의 신앙체계에도 혼돈을 가져왔다. 이론은 머리의 일이지만 믿음은 가슴의 일이라 더 큰 파장으로 다가왔다. 불교를 만나는 인연은 연기적 조건에 따라 다양할 것이다. 믿음에서 출발하는 경우도 있고 이해에서 출발하는 경우도 있다. 내가 불교를 만난 것은 운명 비슷한 믿음으로 출발하였다. 불교는 '와서 보고' 이해가 전제된 믿음이기에 이론의 혼란은 믿음의 혼란으로 이어진다. 믿음은 자전거 타기와 유사하여 앞으로 나아가지 않으면 그 자리에 서있을 수 없어 쓰러지고 만다. 나는 자전거 페달을 밟으면서 혼란을 느끼고 있으니 이를 어쩌랴. 혼돈이 자기조직화self-organizatin의 출발점이라고 하던가. 이 혼란과 뒤죽박죽을 극복하기 위해 많은 고뇌도 하였고 그만큼 환희도 있었다. 붓다의 지혜를 찾아가는 여정에서 불교의 실천성과 개방성을 체감하였으며, 붓다의 다르마는 항상 여실如實하면서 대상과 시절에 따라 연기한다는 것을 알 수 있었다.

나는 40여 년간 윤리학과 사회사상을 공부하면서 붓다 다르마가 나의 전공 분야와 밀접한 관계를 맺고 있다는 생각을 항상 하고 있었다. 서구의 저명한 불교학자 에드워드 콘즈E. Conze는 현대사회와 문명이 불교에 큰 도전을 하고 있으며, 이러한 도전에 대한 새로운 응전의 자세를 강조하고 있다. 또한 과거의 교의를 해석함에서 현대사회의 상황에 '적응'하면서 일대 전환이 일어나야 한다고 주장한다. 이에 붓다 다르마를 정치철학의 틀에서 재조명하고 체계화하면서 한국불교의 과제를 모색하고자 하는 욕심을 갖게 되었다. 정치철학의 제일 중요한 과제는 정치현상과 정치권력을 윤리도덕적으로 평가하고, 바람직한 정치 규범을 제시하는 것이다. 이를 통해 정치철학은 정치체와 정치 구성원으로 하여금 공동선을 추구하게 하여 인간이 행복한 정치 생활과 삶의 양식을 구현할 수 있도록 하는 것을 목적으로 삼는다고 할 수 있다. 바로 이것은 불교의 하화중생과 자비정신을 사바세계에서 구체화하고 실천하는 것이리라.

이 책을 구상하면서 불교와 정치의 관계를 주제로 한 국내외의 각종 자료를 탐색하였다. 그 자료를 분류해보면 크게 세 유형으로 나눌 수 있다. 첫째는 붓다 재세 시의 정치 상황과 붓다와의 관계, 초기 경전에 나타난 정치적 내용 해석, 아쇼카왕의 불교 정책 등이 주류를 이룬다.

두 번째는 불교의 전파 과정과 정치 권력과의 문제, 불교 교리와 통치 이념의 관계, 정치 권력과 불교교단의 유착과 문제점 등을 주로 다루고 있다. 세 번째는 현대 불교의 정치적 위치, 불교의 정치적 이상과 과제, 붓다 다르마와 현대 이념의 관계 등으로 나눌 수 있다. 이러한 탐색 과정에서 공사장의 건축 자재처럼 이리저리 널려 있는 자료를 모아 불교의 정치철학을 한눈에 조감할 수 있는 책을 설계해 보고 싶었다. 붓다 다르마를 정치철학으로 속제화俗諦化하는 탐구는 인문사회과학과 자연과학을 포괄하는 종합학문적 식견을 요구하고 있다. 이것은 분명 나의 능력을 넘어서는 것이지만 만용을 부렸다.

　나는 이 책을 다섯 개의 대주제와 부록으로 설계하였다. 붓다 정치철학 탐구를 위한 예비적 성찰을 시작으로 하여 이데올로기와 종교의 관계 고찰, 불교 정치철학의 체계화를 시도하였다. 그리고 열 개의 현대 이념을 불교적 시각에서 성찰하고 나아가 한국불교의 정치철학적 과제를 모색하였다. 나는 이 책을 쓰면서 불교의 정치철학이 현대 이념의 길에 큰 길잡이 역할을 할 수 있다는 확신을 가지게 되었다. 불교 정치철학의 핵심은 '연기법'과 '중도' 그리고 '자비'이다. 그런데 연기법, 중도, 자비는 장소와 때에 따라 다양한 형태로 나타나고 작용한다. 그만큼 불교 정치철학은 실천적, 실용적이고 개방적이다. 불교는 붓다의 가르침을 실천하는 데 있어서 제일 자유스러운 개방적인 종교이다. 불교는 전파된 나라에 따라 각각의 특징을 갖고 있다. 그러므로 21세기 한국불교의 정치철학적 과제를 어떻게 실천할 것인가는 우리 모두의 화두이다.

삼십여 년의 강단 생활을 마감하고 이 책을 구상하고 집필하는 기회가 주어졌다는 것에 깊은 행복을 느낀다. 감사하고 싶은 도반이 많다. 《불교평론》에서 매달 열리는 '열린논단'의 도반들로부터 많은 배움을 얻었다. 깊이 감사드린다. 《불교평론》의 홍사성 주간은 나의 사부 역할을 기꺼이 해주었다. 어려운 출판 환경 속에서도 책의 출간에 기꺼이 앞장서 준 김종현 인북스 주간께도 감사드린다. 나의 게으름에 잔소리를 하면서도 집필 중에는 흐뭇한 시선으로 지켜봐 준 아내 김우남에게도 고마움을 전한다.

2020년 한여름
모락산 우거에서

방영준 두 손 모음

【 차례 】

제5장_ **한국불교의 정치철학적 과제**

불교의 정치철학을 도출하고 정립하기 위해서 제일 중요한 것은 불교의 정치철학적 내용 요소를 찾아 오늘의 시각과 용어로 분석하고 체계화하는 작업이다. 이는 붓다의 가르침을 그 발생 시기의 문화적 배경에서 생긴 용어들로 원상 보존시키려는 골동품 애호가적 자세를 어떻게 탈피하느냐가 제일 중요한 과제이기 때문이다. 우리가 과거에서 발견하는 의미는 어쩔 수 없이 현재 우리의 마음에 품고 있는 사상들 속에서 생겨나는 것이다. 우리는 현대의 관점들로 환원될 수 있을 때만 그 과거를 이해할 수 있다고 본다. 따라서 불교의 정치철학 탐색을 위해서는 다음 몇 가지 예비적 작업이 필요하다.

정치와 종교의 관계, 진제眞諦와 속제俗諦에 대한 논의, 이데올로기에 대한 이해 그리고 '복합체계 이론'과 '비판적 체계 윤리'에 대한 이해와 분석이 그것이다. 이러한 논의는 결국 붓다의 가르침을 어떻게 정치 철학적 용어로 현실에 적용하느냐의 문제이다.

1. 종교와 정치의 관계

　불교 정치철학을 거론하기 위해서는 먼저 종교와 정치의 관계에 관한 논의를 해보아야 할 것이다. 종교와 정치의 관계에 대한 논쟁은 여러 영역에서 매우 다양하게 나타나고 있다. 그중 중요한 논쟁은 종교가 정치에 참여하는 것이 바람직한가, 종교가 정치에 참여하는 바람직한 방법은 무엇인가, 정교분리는 무엇이고 정교분리와 정치참여는 양립 가능한 것인가 등의 문제로 볼 수 있다.

　종교와 정치의 관계는 역사적으로 크게 세 가지 유형으로 나누어 볼 수 있다. 즉 종교와 정치의 일치 또는 융합의 경우, 한쪽이 다른 쪽을 지배 또는 이용하는 경우, 그리고 대립과 긴장 관계의 경우로 볼 수 있다. 종교와 정치의 관계에 대한 역사적 경험을 통해 보면 종교와 정치의 분리는 불가능하다고 볼 수 있다. 오늘날 흔히 거론되는 정교분리 개념은 근대 유럽에서 출발하였다. 종교의 지배에서 탈피하여 국가의 세속화와 권한을 강화하기 위해 나온 것이다. 또한 반대로 종교가 국가의 박해에서 벗어나서 종교의 자유를 확보하는 것을 의미하기도 한다.

　정교분리의 개념은 계몽과 근대화의 과정에서 나온 선언적이고 규범적인 성격이 강하다. 현실에서 종교와 정치의 분리는 일종의 구두선口頭禪에 지나지 않는다. 문제는 종교와 정치의 바람직한 관계가 무엇인가를 탐색하고 실천하는 것이다. 종교와 정치 관계의 문제점은 둘 사이의 유착 관계에서 나온다. 한국 현대사에 종교와 정치의 유착 관계로 인한 폐해 사례는 많다. 서구 세력의 진입과 함께 들어온 기독교와 정치권력과의 관계는 아직도 많은 논란을 일으키고 있다. 정교분리는 종교와 정치가 고유 영역을 인정하고 서로의 자율성을 인정하는 것이지만, 둘 사이의 상호작용이나 상호개입을 부인하는 것은 아니다. 종교의 이상을 실천하기 위해 정치를 필요로 하는 경우도 많고, 국가의 업무를 종교가 도와주는 경우도 많다.

정치와 종교는 결코 분리할 수 없다고 생각한다. '정교분리'는 내숭일 뿐이다. 이것은 긴 종교의 역사 속에서 생생한 발자취를 찾을 수 있고 지금도 지구촌 곳곳에서 진행되고 있다. 불교와 정치의 관계에 대하여 부정적인 사고가 있다면 불교를 '깨달음'의 종교로만 본 오해에서 나온 것일 수도 있다. 불교라는 수레는 '상구보리'와 '하화중생'이라는 두 바퀴로 굴러가는 것이다. 깨달음은 오히려 중생을 구제하기 위한 도구일 수도 있다. 불교의 하화중생과 자비 정신을 사바세계에서 구체화하고 실천하기 위해서는 정치적 영역과 밀접한 관계를 맺는 과제가 많다. 이에 붓다의 사상을 정치철학적으로 치환하여 체계적으로 제시하는 것이 매우 의미 있는 작업이라고 생각한다.

정치철학의 제일 중요한 과제는 정치 현상과 정치권력을 윤리 도덕적으로 평가하고, 바람직한 정치 규범을 제시하는 것이다. 윤리 도덕의 잣대로 정치 현상을 진단하고 정치권력의 소재, 한계와 목적 등을 명확히 하면서 정치적 권위의 정당성과 의무의 근거에 대한 윤리적 기준을 제시하는 것이다. 이를 통해 정치철학은 정치체와 정치 구성원으로 하여금 공동선을 추구하게 하여 인간이 행복한 정치 생활과 행복한 삶의 양식을 구현할 수 있도록 하는 것을 목적으로 삼는다고 할 수 있다.

한국사회에서 종교와 정치 관계의 현실을 살펴보자. 종교와 정치에 대한 대화는 공적인 자리나 모르는 사람과의 모임에서 가급적 하지 않는 것이 기본 에티켓으로 여겨지고 있다. 종교와 정치를 화제로 삼다가는 부드럽고 화기애애한 분위기가 긴장에 싸이거나 어색하게 될 위험성이 많기 때문이다. 종교적 대화는 더욱 불편하다. 따라서 종교는 '말의 영역'이 아니라 말이 필요 없는 개인의 '경험 영역'으로 치부하면서, 왈가불가할 것이 아니라 각자에게 맡기고 입을 다물고 있는 것이 현명하다는 생각이 우리를 지배하고 있다.

그러나 우리는 종교에 대한 담론이 개인의 사적 영역에 머무는 것처럼 흉내를 내고 있지만, 사실은 사회의 많은 공적 영역에까지 확산되어 많은 논란을 유발하고 있다. 특히 오늘날 종교는 지구촌 갈등의 제일 큰 씨앗이 되고 있다. 1980년대 이후 전 세계에 걸쳐 종교 간의 갈등이 심각한 사회, 정치적 문제를 야기하고 있고, 그 예를 열거하기 힘들 정도로 많아지고 있다. 더구나 같은 교조와 같은 경전을 공유하면서도 심각한 갈등을 일으키는 경우도 많다.

종교는 세상에서 가장 강력한 세력으로 모든 분야에 영향을 미치고

제1장_ 불교 정치철학 탐구를 위한 첫 디딤돌

있다. 오늘날 현존하는 종교들은 호모 사피엔스의 역사에 비해 100분의 1도 안 되는, 불과 2,000년 안팎의 짧은 역사를 가지고 있음에도 불구하고 그 영향력은 어마어마하다. 그동안 종교 사상과 종교적 헌신에 의해 편협한 이기심을 초월해 고귀한 가치와 진리를 추구한 사례도 많았다. 그러나 역사는 그 어떤 세력보다 종교의 이름으로 치러진 전쟁이 더 많고, 종교의 이름으로 목숨을 잃은 사람이 더 많다는 것을 말해준다. 오늘날 종교의 이름으로 많은 악행이 저질러지고 있다는 사실은 진부하기는 해도 매우 슬픈 또한 매우 위험한 현실임이 틀림없다. 종교에서 영감을 얻거나 종교라는 허울을 쓰고 활동하는 사람과 집단의 위험이 지금처럼 지구촌에서 분명하게 드러난 적은 없었다. 2001년 9월 11일에 일어난 비극적인 사건이 이 점을 분명히 강조한다. 지금도 지구촌 곳곳에서는 종교적 신념과 갈등으로 인한 고통과 비극이 지속되고 있다.

종교 간의 갈등 문제는 한국사회에서도 서서히 나타나고 있다. 결혼 등 사적인 영역에서부터 점차 공적인 영역으로 확대되고 있는 추세이다. 지금 한국사회는 남북 갈등, 지역 갈등, 계층 갈등, 세대 갈등으로 많은 문제를 안고 있는데, 여기에 종교 갈등까지 겹치면 어떻게 될까 조마조마한 마음마저 든다.

우리나라는 통계상으로 종교 인구가 제일 많은 나라이면서 한때 인구수보다 종교인 수가 많은 나라이기도 했다. 종교 연구가 제일 낙후된 나라이기도 하다. 우리 사회의 종교 담론은 방향 상실과 비판력 부재로 빈약하기 이를 데 없다. 한국의 독특한 극단적 개신교 보수주의의 영향력이 종교 연구의 자유스러움을 질식시키는 경우가 부지기수이며, 종교 단체가 세운 대학들의 담론 현실도 매우 답답하다. 이러한 현실에서 종교학의 공간도 빈약하기 짝이 없다.

이러한 종교 간의 갈등과 그 빈약한 담론 광장에 이데올로기 논쟁도 함께 준동하고 있다. '준동蠢動'이라는 부정적인 용어를 사용했지만 이에는 충분한 이유가 있다고 본다. 보수니 진보니 하는 이분법적 논리 속에서 전개되는 한국의 이념적 논쟁은 분단 현실을 감안하더라도 너무 당파적 성격이 강하고 천박하다.

현재 한국사회에서 갈등의 큰 씨앗은 이데올로기와 종교이다. 그리고 그 둘의 모습은 너무나 닮아 있다. 이데올로기로 인한 상처를 치유할 수 있는 능력을 종교는 이미 상실하였고, 오히려 종교가 더 이데올로기의 역기능적 요소를 나타내고 있는 것은 아닌지 염려된다. 여기에 불교철학의 정립 과제가 시급하다. 붓다의 가르침이야말로 이데올로기의 역기능적 측면을 극복하고 인간의 정치적 삶의 길을 향상시키고, 정의롭고 평화로운 공동체를 만드는 데 초석의 역할을 할 수 있는 자양분을 가지고 있기 때문이다.

2. 진속이제와 불교 정치철학의 관계

붓다의 정치철학을 도출하기 위한 예비 작업으로 먼저 '진속이제眞俗二諦'에 대한 논의를 할 필요가 있다고 본다. 진제眞諦는 산스크리트어 paramartha-satya의 번역으로 승의제勝義諦 또는 제일의제라고도 하여 출세간적 진리를 가르킨다. 또한 속제俗諦는 samvrti-satya의 번역으로 세속제世俗諦, 또는 세제라 하여 세간적 진리를 가르친다. 진제와 속제의 관계에 대해서는 대승불교가 등장한 이후 여러 경론에 다양하게 논의된다. 진속이제의 주제가 불교 논단에 등장한 것은 붓다의 가르침을 어떻게 인간 삶의 현장에 뿌리내리고 실천하느냐의 고뇌에서 비롯된 것이라 볼 수 있을 것이다.

진제는 인간들이 제멋대로 정할 수 없는 궁극의 진리를 말한다. 시대와 사회가 변화하더라도 변하지 않고, 새로운 과학이 등장하더라도 결코 변하지 않는 궁극적인 진리를 의미한다. 반면 세속제는 상대적인 진리로서 사람들 간의 합의로 이루어진 진리다. 사회적, 법률적, 과학적 지식 등이 이에 해당한다고 볼 수 있다. 세속제는 변화한다. 인간들 사이의 합의가 세속제의 특징이기에 시공간이 변하고 새로운 과학지식이 등장하면 진리의 내용도 변한다. 그런데 진제는 세속적인 말을 통해 표현되고 알려진다. 진제가 세속제에 의해 설명되지 않으면 붓다의 가르침은 결코 펼쳐질 수 없다. 세속제가 없다면 진제는 존재할 수 없을 것이다.

근래에 '깨달음의 사회화'라는 용어가 불교계에 많이 사용되고 있다. 이 용어는 크게 세 가지 틀에서 사용되고 있다.[1] 첫째, 개인의 깨달음을 개인에게 한정시키지 말고 사회구성원 전체가 공유하자는 것이다. 대표적인 것이 하화중생이라 볼 수 있다. 두 번째는 깨달음을 개인적 차원에서 추구하는 것이 아니라 사회적 차원에서 추구하는 것이다. 세 번째는 깨달음을 사회에 적용하는 것이다. 즉 수많은 사회적 고통과 그것을 발생시키는 사회적 무명을 밝히고 극복해가는 실천이다. 위의 세 가지 측면은 개념을 약간만 확충해도 상호 중첩될 것이다. 이를 한마디로 요약하면 '대승불교'의 핵심일 것이다. '깨달음의 사회화'가 한국불교계에 회자되는 것은 대승의 역할을 제대로 하지 못한다는 반성과 밀접한 관계가 있다고 본다.

불교는 단순한 믿음이나 학문의 대상이 아니다. 또한 박물관에 진열된 골동품이 결코 아니다. 붓다의 가르침은 '지금, 여기서' 살아 숨 쉬는 것이어야 한다. 우리가 과거 속에서 발견하는 의미는 바로 현재 우리가 생각하고 있는 사상들 속에서 생겨나는 것이다. 우리는 현대적 관점으로 되새김할 수 있을 때 그 과거를 이해할 수 있다. 현재 우리의 생각을 뛰어넘어서는 결코 다른 시대의 가르침들에 접근할 수 없다. 붓

---

1 박경준《불교사회경제사상》동국대학교 출판부, 2010, pp. 320-321.

제1장_ 불교 정치철학 탐구를 위한 첫 디딤돌

다 다르마를 현대적 관점에서 이해하고 분석하는 것은 그래서 중요한 것이다. 불교의 정치철학을 도출하는 것은 이러한 의미에서 가치가 있다.

깨달음의 사회화는 진속불이眞俗不二 사상에서 출발한다. 진제와 속제의 관계는 표리의 관계라고 볼 수 있다. 진제와 속제의 관계에 대한 논의는 다양한 논의가 있다. 중관학파에서는 진제를 공성空性으로 표현한다. 그러나 다양한 진속이제에 대한 논의가 결국은 진제와 속제가 같다는 진속일여의 길로 가고 있다는 점은 필자를 편하게 만든다. 한국불교의 사회적 역할에 대해 치열한 글쓰기를 하는 이도흠 교수는 '깨달음과 세상의 변혁은 하나'라는 소제목으로 지구의 환경문제를 논하고 있다.[2] 바로 진속일여이다.

속제는 진제의 방편이 되고 결국에는 그 둘은 하나로 융합된다. 붓다의 정치철학을 규명하는 것은 세속제에서 출발하는 것이다. 그러나 이것은 진제의 이상을 실천하는 디딤돌이 되는 것으로 생각한다. 그런데 여기서 명심할 점이 있다. 진제를 속제로 표현하는 일이 쉽지 않다는 점이다. 진제를 속제로 표현하기 위해서는 인문사회과학에 대한 종합적인 인식 능력과 자연과학에 대한 통찰 능력이 요구된다. 또한 당면한 현실에 대한 가치론적인 고뇌와 좌표도 함께 요구된다.

---

2 이도흠 《원효와 마르크스의 대화》 자음과 모음, 2015, pp. 100-124 참조.

3. 정의론의 특징과 전망에 대한 인식

정의의 다양성과 접근 방법 논쟁

정치철학은 정치적 권위와 의무의 근거에 대한 윤리적 기준을 밝히고 실천 방향을 제시하는 것이다. 정의는 바로 정치 행위의 윤리적 기준을 설정하는 가늠자 역할을 한다. 이렇게 정치철학과 정의의 문제는 밀접한 관계가 있다. 따라서 불교의 정치철학을 탐색하기 위해서는 정의론에 대한 포괄적인 이해와 전망이 필요하다.

정의에 대한 논의는 자유와 평화의 문제와 함께 인간 생활의 제 영역에서 가장 광범위하고 오랜 역사에 걸쳐 제기되어 왔다. 프랑케나William K. Frankena는 "역사의 대부분은…… 사회정의의 탐구 과정이라고 보아도 무방할 것이다"[3]라고 주장한 바 있다. 이 주장이 얼마간의 과장이 있을는지 모르나, 정의의 문제가 인류 역사에서 가장 중대하고 어려운 문제임에는 의심의 여지가 없다. 그러나 '정의란 무엇이냐'는 본질적 질문이나 혹은 '정의가 실현되는 조건은 어떤 것이냐'는 구체적

---

3 William K. Frankena, "The Concept of Social Justice", *Social Justice*, R. B. Brand- dited., New Jersey: 1962, p.1.

질문에 접하게 될 때는 수많은 대답이 제기될 수밖에 없다. 그 이유는 첫째 정의라는 말 자체가 극히 추상적이기 때문에 야기되는 해석의 다양성이 그 본질적 정의를 곤란하게 만들기 때문이다.

정의라는 용어는 일반적으로 인간의 행동원리에서부터 정치적 질서원리에 이르기까지 매우 포괄적으로 사용되고 있다. 우리가 정의 개념을 정치적 분야에 국한하여 생각한다 치더라도 그것은 자유, 평등, 복지, 합법성, 정당성, 자연권 또는 민주주의라는 개념과 직결되고, 이와 같은 내용들에 의해 정의가 간접적으로 표현되고 규정되는 경우가 많다고 할 수 있다. 예컨대, 레오 스트라우스Leo Strauss가 말하는 자연권natural right 개념은 거의 정의라는 용어로 대치될 수 있는 성격을 갖고 있다.[4] 이와 같은 사정 때문에 종래 학자에 따라서는 권리나 법 또는 자유와 마찬가지로, 정의를 정치학의 개념으로 취급하는 것 자체를 무용하고 더 나아가 유해한 것으로까지 생각하는 경향도 있었다.

그러나 그 후 정치학의 실증주의화에 대한 비판과 더불어 각종 사회문제의 분출로 인해 정의의 문제를 정치윤리의 중심 테마의 하나로 정면에서 다루는 경향이 생겨나고 있다. 스트라우스는 우리가 사회제도의 우열을 비교하고 공공정책을 비판하며 정치선택의 방향을 결정하는 정의(레오 스트라우스의 표현으로는 자연법)라는 기준이 존재하지 않는 곳에서는 정치는 결국 개인적 이익이나 자의의 지배에 맡겨질 수밖에 없을 것이라고 주장하고 있다.

---

4 Leo Strauss, *Natural Right and History*, Chicago: University of Chicago Press, 1953 참조.

또한 정의의 문제가 해결되기 어려운 이유는, 인간의 행위와 사회 조직 속에는 지극히 복합적이고 다양한 요인들이 작용하고 있으며, 이 복합체를 분석하고 처리할 수 있는 능력 내지는 의욕이 우리에게 부족하기 때문이다. 즉 정치·경제적인 사회체제에 내재하는 논리들에 대한 우리의 인식이 조직적인 부정의를 의도하는 사람과 세력의 능력을 능가하는 경우에만 부정의에 대한 효과적인 제동이 가능할 것이다. 그리고 부정의의 극복을 어렵게 하는 이유는 정의의 기준이 갖는 추상성 내지 다의성에 기인한다. 정의의 기준이 갖는 이러한 모호성은 결국 '각자에게는 그의 정의가 있다'는 난맥상을 초래하게 되며, 이런 혼돈은 어떠한 부정도 정당화될 소지와 구실을 마련해준다. 사회의 구조적 병인과 그 인과관계를 설명함으로써 개인이나 제도적 부정의 원천을 진단 처방하는 것이 사회과학의 책임이라면, 정의에 대한 보다 설득력 있고 타당한 기준과 현실성 있는 이념을 제시하는 것은 바로 정치철학의 사명에 속할 것이다.[5]

여기서 우리가 명심해야 할 것은 비록 정의의 개념을 규정하고 그 원칙을 도출하는 데 미해결의 여지가 많이 있음에도 불구하고, 정의의 실천에 관한 문제는 제기될 수 있는 것이며 또한 마땅히 제기되어야 한다는 것이다. 정의가 이론적으로 미완성되었다고 해서 실천이 영원히 유보된다는 것은 인간의 현실이 용납하지 않을 것이다. 그러하기에는 우리가 정의와 불의에 대해 너무나 많이 알고 있기 때문이다. 정

---

5 Hugo A. Bedaued., *Justice and Equality*, Prentice-Hall, 1971, Introduction 참조.

제1장_ 불교 정치철학 탐구를 위한 첫 디딤돌

의에 대한 엄밀한 이론적 물음이 제기되기 이전에 이미 인간은 정의의 실천에 관한 현실적 삶의 절실한 요구를 직감하고, 실천적 의지로서 정의를 탐구하기 시작했음을 상기할 필요가 있다. 여기서는 '정의에 대한 이론적 접근'과 '정의의 논의 대상에 따른 접근'에 대한 논의를 살펴보고, 마지막으로 현대 정의론의 특징과 붓다의 영향을 많이 받은 아마르티아 센Amartya Sen의 정의를 다루고자 한다.

정의에 대한 이론적 접근은 크게 세 차원으로 구분할 수 있다. 첫째는 행위적 차원이며, 둘째는 제도적 차원이며, 셋째는 원리적 차원이다. 행위적 차원은 무엇이 정의로운 행동인지, 어떤 행동이 정의로운지를 논의의 대상으로 한다. 이를 규범윤리학normative ethics적 접근이라고 한다. 제도적 차원의 접근은 개인적 차원의 정의보다 사회적 차원에 비중을 두는 거시적 접근이다. 어떠한 제도가 정의에 부합하는지, 제도가 어떻게 작동되어야만 정의로운지 등이 주된 관심사로 등장한다. 그리고 원리적 접근은 정의의 본질은 무엇인지, 정의를 판단하는 기준은 무엇인지, 그 기준의 타당성은 무엇인지, 정의가 갖는 가치의 의미는 무엇인지 등 정의의 기본원리를 규명하고자 하는 접근이다. 이는 정의에 대한 메타윤리학meta-ethics적 접근이라고 할 수 있다.

정의의 논의 대상도 세 범주로 요약할 수 있다. 자원 배분에서의 정의, 의사결정에서의 정의, 징벌에서의 정의이다. 첫째, 자원 배분에서의 정의는 현대 정의론에서 가장 많이 그리고 가장 중요하게 다루어져 온 분야이다. 정의는 곧 자원 배분의 원리로 인식되어 왔다. 여기서 자원은 매우 넓은 의미를 갖는다. 경제적 부 또는 소득과 같은 물질적 재화만이 아니라 권력, 관직, 명예, 행복과 같은 사회적 자산이나 무형적 가치도 포함된다. 또한 보상과 같은 긍정적 가치뿐만 아니라 형벌, 제재와 같은 부정적 가치도 포함된다.

둘째, 의사결정에서의 정의는 개인, 집단 또는 조직에서의 당면한 사안을 결정하는 과정 또는 방식에서의 정의를 의미한다. 자원 배분의 정의가 실체적 정의의 문제라고 한다면, 의사결정의 정의는 절차적 정의의 문제이다. 의사결정에서의 정의는 자원 배분의 문제도 적용된다. 특히 실체적 정의가 명확하지 않거나 정확하게 분간하기 어려울 경우에는 절차적 정의에 맡길 수밖에 없다. 또한 의사결정의 정의는 선거, 입법, 재판 등에서부터 합의의 형성, 이론의 통합 등 다양한 영역에서 중요한 기능을 한다. 오늘날 절차적 정의는 실체적 정의보다 더 중요하게 부각되고 있고 심도 있게 접근해야 할 새로운 주제이다.

셋째, 징벌에서의 정의는 정의의 제일차적 문제이다. 최초의 정의는 불의, 부정을 타파하고 응징하는 것이다. 징벌적 정의는 악한 행동으로 인하여 침해된 정의의 질서를 회복하고 유지, 방위하는 데 있다. 따라서 정당한 질서를 훼손 침해하는 모든 행위는 징벌적 정의의 대상이 된다. 징벌적 정의는 일반적 정의의 문제를 부정적 차원에서 다루는 것이기도 하다. 그리고 징벌적 정의를 제대로 논의하기 위해서는 징벌에만 국한하여 다루는 것은 적절하지 않다. 징벌을 논의하기에 앞서 질서의 정당성 문제가 먼저 검토되어야 할 것이다. 또한 인간 행위의 책임성 여부의 문제가 함께 다루어져야 한다. 이것은 법철학의 주요 주제이다.

제1장_ 불교 정치철학 탐구를 위한 첫 디딤돌

현대 정의론의 특징과 센Sen의 정의론

현대 정의론의 특징과 센의 정의론을 살펴보자. 현대의 정의론은 '재분배 패러다임'이 주류를 이루고 있다. 재분배 패러다임은 산업혁명 시대의 공장 생산, 규제되지 않은 시장, 부의 집중 등 자본주의 체제의 문제점에 큰 관심을 가진다. 계급론적 정치와 연관된 재분배 패러다임은 정의를 자원·기회·재화의 공정한 할당을 보장하고자 한다. 이러한 접근법은 아직도 상당한 호소력을 가지고 있다. 자본 축적 양식에서 주요한 변환이 있었음에도, 재화의 공정한 분배는 여전히 심각한 주제이다. 이와 같은 현상은 전 지구적 현상으로 확산되고 있다. 이러한 분위기 속에서 사회정의 운동이 재분배의 언어로 장식되고 있는 것은 놀라운 일이 아니라고 할 수 있다. 그럼에도 불구하고 재분배 패러다임은 오늘날 많은 도전을 받고 있다. 대표적인 것이 '인정recognition 패러다임'이다. 인정 패러다임은 기존의 경제 중심적인 사회적 관심을 문화주의적 사회 관점으로 대체했다고 볼 수 있다.

1980년대까지만 해도 한국사회의 정의는 분배 및 재분배의 관점을 강조하는 마르크스주의 정치경제학을 중심으로 논의되었다. 그러나 1990년대 이후 본격화되기 시작한 포스트모더니즘 논쟁, 정신분석학, 문화 연구, 다문화주의 담론의 등장은 경제적 관점을 강조하는 재분배 패러다임에 의문을 품기 시작했다. 이와 함께 문화적 차원의 부정의를 다층적으로 분석하고 있다. 나아가 다문화주의, 젠더 혐오, 성소수자 인권 등이 관심 주제로 등장하고 있다. 현대 정의론은 백가쟁명의 시

붓다의 정치철학 탐구

대로 접어들고 있고 정의의 주제는 더욱 다양해질 것이 분명하다.

　필자는 유럽 계몽주의의 전통에서 약간 비켜서서 비서구사회 특히 인도와 타 지역의 지성사에서 나온 광범위한 아이디어를 활용하고 있는 아마르티아 센Amartya Sen의 이론에 깊은 관심을 가지고 있다. 센은 인도 출신으로 불평등과 빈곤연구의 대가이자 후생경제학의 거목으로 아시아 최초로 노벨경제학상을 받았다. 그는 빈곤, 기아, 불평등, 복지 등 약자를 위한 현실적 문제에 관심을 갖고 경제학에서 윤리와 철학의 문제를 복원하여 '경제학계의 양심'으로 불리기도 한다. 센은 유럽 계몽주의의 주류 정의론에 결별을 고한다.

　정의란 무엇인가? 정의로운 사회는 어떤 사회인가? 어떠한 사회가 공정한 사회를 구현하는가? 이러한 질문에 대한 대답은 홉스, 로크, 루소, 칸트로부터 오늘날 롤스, 노직, 고티에, 드워킨에 이르기까지 이들 철학자가 점령해 왔다. 센은 이러한 주류 정의론의 문제점을 거론하면서 완전한 정의와 완벽히 공정한 제도에 골몰하는 '선험적 제도주의'를 비판하고 있다. 사회적 현실을 직시하여 가치판단의 복수성을 인정하고 비교접근을 통해 부정의를 제거해가는 방식으로 정의를 촉진하자고 제안한다. 센은 롤스가 '정의론'에서 해결책으로 제시하는 '선험적 제도주의'가 완벽한 정의와 제도에만 집착할 뿐 실제 사회에 대해 무관심하다고 비판하면서 스미스, 콩도르세, 벤담, 밀 등의 비교론적이고 실현 지향적인 계보를 이어받아 이론을 전개하고 있다. 정의의 기준은 다원적일 수밖에 없으며 부정의를 제거하고 방지할 완전한 제도의 구축은 불가능하다. 따라서 완벽한 정의를 추구하기보다는 사회적 현실

　　　　　　　　　　　　제1장_ 불교 정치철학 탐구를 위한 첫 디딤돌

을 직시하며 실현 가능한 선택지들을 비교해야 하는 것이다. 분배의 문제에서도 '기본 가치'를 정해진 지표로 삼을 것이 아니라 개개인의 실제 역량에 주목해야 한다. 자원이 동일하게 주어져도 그것을 활용하여 달성할 수 있는 가능성의 정도가 개인마다 다르기 때문이다. '전체주의적' 형식을 취하는 '표준적' 정의론이 체계적 완전성을 전제하는 반면, 센의 비교접근법은 불완전성을 받아들인다. 끊임없이 불완전할 수밖에 없는 현실 세계에서 무엇이 완전한 정의이고 무엇이 완벽히 공정한 제도인지 판별하는 '이론'은 필요하지도 충분하지도 않기 때문이다. 그래서 센은 비교접근이라는 방법을 제시할 뿐 특정한 원리를 고수하거나 고정적인 리스트를 작성하지 않고, 복잡한 수식도 사용하지 않는다. 이러한 점에서 센의 이론은 기존의 편협한 '이론'을 대체할 실천적 아이디어를 풍부하게 제공하는 것이다.

필자는 '붓다의 정치철학'을 탐구하면서 아마르티아 센의 아이디어에 깊은 영감을 느끼고 있다. 센은 붓다의 사상에 대해 깊이 이해하고 있다. 센은 기원전 6세기 인도의 석가모니가 주장한 내용들이 유럽 계몽주의를 대표하는 사상가들의 비판적 저작들과 매우 친화력이 높다고 보고 있다. 필자는 센의 최근 저서《정의의 아이디어The Idea of Justice》[6]를 읽으면서 센의 정의론을 '연기적 정의론'으로 명명하고 싶은 충동을 느낀다. 산스크리트어와 고전 독해에 능한 아마르티아 센의 붓다에 대한 글을 인용해 본다.

---

6 아마르티아 센, 이규원 역《정의의 아이디어》지식의 날개, 2019.

종종 나 자신도 이유가 궁금해지지만, 나는 석가모니의 사상을 처음 접한 순간부터 석가모니에게 깊은 감동을 받았다. 내가 처음 석가모니의 사상을 접하게 된 계기는 할아버지가 읽어 보라고 건네준, 석가모니에 대한 간략한 이야기가 담긴 책을 통해서였다. 기억을 더듬어 보면, 내 나이가 열한 살이나 열두 살이었던 그때, 당시의 나에게는 석가모니가 내세우는 논리의 명확성과 더불어―그것도 아닌다, 수보리 등 자신의 제자들만이 아니라 도처의 모든 이가― 쉽게 접근할 수 있을 만한 친밀성이 충격적이도록 인상 깊게 다가왔다. 나에게 석가모니는 강력한 힘을 지닌 남녀 신들과는 달리, 우리 인간의 일상적 고민을 똑같이 가진 인간으로 느껴지기도 했다. 석가모니는 젊은 시절 깨달음을 얻기 위해 히말라야산맥 기슭의 궁전을 떠나던 무렵, 죽음을 면할 수 없는 인간의 운명, 병에 걸리고 늙어 무력해지는 모습을 보면서 특히 감화를 받았다. 그가 번민했던 이런 고민들은 지금도 우리가 떠안고 살아가는 고민과 다르지 않았다.[7]

　　센의 정의론은 붓다의 깨달음과 지혜를 오늘의 정의론으로 의미를 재해석하는 큰 길잡이 역할을 할 것으로 기대한다. 필자는 정의를 인간이 존엄하게 살아갈 수 있게 하는 제일 중요한 사회적 도구라고 생각한다. 한 개인이 다양한 외부의 유혹을 극복하면서 자신의 삶을 지킬 수 있는 내면의 나침판이 바로 존엄이기 때문이다. 인간을 인간답

---

7 아마르티아 센, 정미나 역《세상은 여전히 불평등하다》21세기북스, 2018, p. 24.

게 하는 것은 무엇인가. 우리는 어떤 방향으로 나아갈 것인가. 우리를 성장케 하는 삶의 방향은 무엇인가. 이 모든 질문은 인간이 어떻게 존엄하게 살 수 있느냐 하는 문제의식에서 나온 것이다. 정의는 바로 이러한 문제의식에서 시작된다. 인간이 존엄하게 살기를 계속 추구하는한, 정의의 문제는 시간과 공간에 따라 다양하게 제기될 것이다. 붓다의 연기론에서 인간과 모든 중생을 존엄하게 만드는 정의론의 샘을 찾을 수 있을 것이다.

4. 이데올로기의 이해와 분석의 필요성

정치철학의 중심 과제는 정치권력을 비롯한 정치의 구성 요소를 도덕적으로 평가하는 것이다. 정치철학은 구체적으로 정치 이념, 즉 이데올로기로 표현되고 실천된다. 따라서 불교의 정치철학을 탐색하고 진단하는 데에는 이데올로기의 이해와 분석에 대한 작업이 필요하다고 생각한다. 이는 종교와 이데올로기가 구조와 기능 면에서 일란성 쌍둥이처럼 닮았기 때문이다. 또한 종교와 이데올로기는 정치권력의 구성과 행사에 핵심적 역할을 하고 있다. 루마니아의 에우젠 키로비치 E. O. Chirovici는 그의 저서《신 무기 돈》에서 국가의 흥망성쇠에서 종교와 이데올로기의 역할이 얼마나 큰 것인가를 강조하고 있다. 그는 국가권력의 요소를 상징 권력과 무기 그리고 경제력으로 들고, 역사상 무기와 경제력을 갖춘 국가가 상징 권력의 빈곤으로 멸망한 사례를 다양하게 제시하고 있다.[8] 대표적인 사례는 알렉산더가 건국한 마케도니아이다. 세계제국을 건설한 마케도니아가 알렉산더 사망 후 급속히 붕괴한 것은 상징 권력이 없기 때문이라고 분석한다. 이 상징 권력의 핵

---

8 에우젠 키로비치, 김은영 역《신 무기 돈》더난출판사, 2017 참조.

심이 바로 종교의 신이고 정치적 신념 체계인 이데올로기이다.

이데올로기에 관한 논의는 베이컨F. Bacon이 과학적 방법의 실현을 방해하는 편견, 즉 '우상idols'을 연구한 데서 출발하였다고 할 수 있다. 그러나 근대적 정치 이데올로기는 '이데올로그ideologues'라고 불리는 프랑스 계몽주의 사상가들의 산물이다. 이 용어를 최초로 사용한 사람은 드 트라시de Tracy이다. 당시 계몽주의 사상의 특징적인 경향은 정치 사회적인 면에서 인간의 올바른 행위는 편견으로부터 자유롭고 특정 정치제도에 의해 영향받지 않는다는 인식의 전제였다. 이렇게 출발한 '관념의 과학science of ideas'이 관념과 논리를 의미하는 '이데아idea'와 '로고스logos'를 합친 명칭을 갖게 된 것이다. 요컨대 이데올로기는 비과학적 태도에 대한 근대적 대응책에서 출발하여 새로운 정치·사회적 질서의 태도를 마련하려는 의도에서 나온 것이라 하겠다.

오늘날 우리가 주로 사용하는 사회과학적 차원의 이데올로기 개념은 마르크스K. Marx에 의해 크게 변질된 것이다. 마르크스는 이데올로기를 지배계급의 특수한 이해관계를 반영하는 기만적 허위의식으로 보았다. 그는 유물론과 변증법을 철학적 기초로 하여 유물사관을 제시하였다. 따라서 사람들이 역사의 방향과 사회의 물질적 토대를 깨닫게 되었을 경우에 그동안 믿어 왔던 허위의식은 깨트러지고 '참된 의식'에 도달할 수 있다고 주장한다.

이러한 마르크스의 이론을 일부 받아들이면서도 그것의 당파성을 극복하려는 보다 폭넓은 연구를 전개한 것이 만하임K. Mannheim의 지식사회학적 이데올로기 이론이다. 그는 어떠한 관념도 실제와 일치할 수 없고, 이해관계를 떠난 혹은 추상적인 사상은 있을 수 없다는 것이다. 그렇기 때문에 이데올로기란 사회집단의 전체적 세계관으로서, 이것은 사회집단의 정치적 정향과 역사적 진행 과정에서 차지한 위치에 따라 조건화된 것이다. 즉 이데올로기는 사유의 '존재 구속성'과 동의어로 이해되고 있다.[9] 따라서 마르크스의 이론도 하나의 이데올로기로 규정한다.

이데올로기의 개념은 너무 다양하고 모호하기 때문에 사회과학에서 가장 파악하기 힘든 개념으로 평가된다. 위에서 살펴본 바와 같이 이데올로기의 개념은 긍정적, 부정적, 중립적 태도로 뒤섞여 있다. 사젠트L. T. Sargent는 이데올로기의 포괄적 개념을 다음과 같이 제시하고 있다.

이데올로기는 어떤 집단에 의해 사실이나 진리로서 받아들여진 가치체계나 신념 체계이다. 이데올로기는 사회의 다양한 제도와 절차에 관한 일련의 태도로 구성된다. 이데올로기는 그것을 믿는 사람들에게는 이 세계에 관한 사실적이면서도 당위적인 청사진을 제시한다. 그렇게 함으로써 엄청나게 복잡한 세계가 아주 간단하게 이해될 수 있는 것으로 재구성된다.[10]

---

9 K. Mannheim, *Ideology and Utopia*, N.Y: Harcourt, 1936, p. 125, 277.
10 L. T. Sargent, *Contemporary Political Ideologies*, N.Y: Harcourt Brace & Co. 1999, p. 3.

제1장_ 불교 정치철학 탐구를 위한 첫 디딤돌

결국 이데올로기는 사회집단이 정치·사회적 상황에 대해 가지고 있는 행동 지향적이고 일관성 있는 신념 체계라고 할 수 있다. 이러한 이데올로기는 종교의 믿음 체계와 매우 유사하다는 것을 알 수 있을 것이다. 이데올로기에 대한 구체적인 논의는 제2장 '이데올로기와 종교 그리고 불교'에서 자세하게 다룰 것이다.

5. 복합체계 이론과 체계 윤리

복합체계 이론의 등장 배경과 특징

불교의 정치철학을 도출하는 작업에서 복합체계 이론을 비중 있게 다루는 원인은 무엇인가? 복합체계 이론은 붓다의 연기법을 현대의 과학적 용어로 표현하고 있기 때문이다. 연기법은 불교 사상의 출발점이다. 불교 공부를 시작할 때 처음 접하는 것이 바로 연기적 인과론이다. 연기법에서 무아와 제행무상, 공의 사상 등이 나온다. 붓다가 밝혀낸 연기법은 경이롭고 위대한 사상이다. 인류 정신사에 이런 엄청난 사례가 과연 있었던가? 초월적 대상에 대한 신앙 없이 연기법이 토대가 되는 종교가 지구별에 있다는 것이 얼마나 놀라운가. 이러한 연기론을 오늘날 복합체계 이론이 과학적 용어로 설명하고 있다. 먼저 복합체계 이론의 등장 배경과 특징을 살펴보자.

고전역학, 전자기학, 상대성 이론, 양자역학은 300여 년에 걸쳐 인류가 발견한 위대한 이론들이다. 이 이론을 통해 우리는 상상할 수 없을 만큼 작은 세계에서 광대한 우주 영역까지 이해의 폭을 넓힐 수 있었다. 아름답고 찬란한 코스모스cosmos가 우리 앞에 드러났다. 코스모스는 '질서'를 뜻한다. 우주는 한 치의 오차도 없이 운행되는 것으로 보인다. 그런데 정말 이처럼 정확한 질서만이 자연의 모습일까? 위에서 제시한 고전역학 이론을 비롯한 여러 이론 체계들을 통틀어 '미시 동역학 이론'이라고 한다. 관찰 대상을 '개별적으로' 기술한다는 의미이다. 즉 시간에 따라 변하는 개별 대상의 운동을 예측하는 이론 체계이다.

그러나 자연에는 질서에서 벗어난 경우도 있다는 것을 알게 되었다. 20세기를 지나는 동안 과학을 바라보는 시각에 엄청난 변화가 나타나기 시작하였다. 이와 함께 원자물리학과 소립자물리학이 주도하는 '환원주의적인 과학관'이 그 주도적인 위치를 상실해 갔다. 반면에 다양한 과학 분야에서 기존 학문의 패러다임에서 벗어나 새로운 탐구의 방법을 시도하면서 자신들의 독자성과 자율성을 주장하고 있다. 대표적인 것이 복합체계 이론과 관련된 분야이다. 복합체계 과학이 기존 과학의 아성을 무너뜨리고 새로운 과학 질서를 성공적으로 창출할 수 있을 것인가는 좀 더 지켜보아야 하겠지만, 현재 큰 관심의 대상으로 부각되고 있는 것은 부인할 수 없다.

'복잡계'라는 단어는 지금 세계적으로 가장 많이 거론되는 최첨단의 키워드다. 복잡계라는 말이 가리키는 것이 무엇을 나타내는지, 복잡계 과학은 무엇을 지향하며, 연구자들은 어떠한 방법으로 그 목표를 달성하려고 하고 있는가, 그리고 복잡계의 어떤 측면이 우리의 관심을 일으키고 있는가. 이와 같은 질문에 간단히 답하기는 매우 어렵다.

복잡계란 용어를 어떻게 사용하는 것이 좋을까? 이런저런 정의를 종합해 보면 다음과 같이 축약할 수 있겠다. 즉 "무수한 구성요소로 이루어진 한 덩어리의 집단으로서, 각 요소가 다른 요소와 끊임없이 상호작용을 함으로써 전체적으로는 각 부분의 총화이상으로 무엇인가 독자적인 행태를 보이는 것"으로 정리해 볼 수 있다.[11]

복잡계 과학은 복잡함의 깊숙한 곳에 있는 단순함을 해명해 보려고 한다. 즉 단순한 요소나 이유로 설명되지 않았던 현상을 하나의 이론으로 설명하고자 한다. 다시 말해 복잡한 대상 전체에 공통되는 법칙성 또는 성격을 파헤치는 것이다. 이러한 복잡계 과학은 새로운 과학의 방법론을 확립하려는 야심이면서 동시에 종래의 과학적 사고에서 배제되어 온 유추에 커다란 역할을 부여하고 있다.

복잡계 과학의 출현은 논리적, 시계열적으로 '카오스 이론'과 비평형계 과학의 '자기조직화' 이론의 전개 선상에 있다. 다시 말해 복잡계 이론의 등장은 보수과학이 내포하는 2극 구조, 즉 고전역학의 결정론과 통계역학의 확률론으로 대표되는 '단순한 계의 과학'과 '랜덤한 계의 과학'의 2극 구조가 갖는 모순을 극복하는 데 있다.

얼마 전까지 카오스나 비평형계 이론은 과학의 전통에서 보면 주변적인 분야에 지나지 않았다. 그때까지의 과학 세계는 물리학 제국주의가 지배하고 있었다. 카오스의 발견자는 물리학자도 수학자도 아닌 한낱 기상학자에 지나지 않았으며, 그의 논문은 10년간이나 무시당하고 있었다. 비평형계 이론을 창시한 프리고진도 긴 세월 동안 외로운 싸움을 해야만 했다.

---

11 요시나가 요시마사, 주명갑 역《복잡계란 무엇인가》한국경제신문사, 1977, p. 22.

제1장_ 불교 정치철학 탐구를 위한 첫 디딤돌

복잡성 과학의 이론적 출발점이자 토대라고 할 수 있는 카오스 이론과 프리고진Ilya Prigogine의 자기조직화 이론을 살펴보도록 하자.

카오스 이론은 1963년 매사추세츠 공과대학의 기상학자 에드워드 로렌츠Edward E. Lorenz가 〈결정론적인 비주기적 유동Deterministic Non-periodic Flow〉이라는 논문을 당시 물리학자에게는 잘 알려지지 않았던 한 기상학 잡지에 발표하면서 연구가 시작되었다. 당시 로렌츠는 기상 현상을 몇몇 단순한 수학 방정식을 사용하여 기술하는 과정에서 초기 조건의 미세한 차이가 시간이 흐름에 따라 점점 커져서 마침내 결과에서는 엄청나게 커진다는 것을 컴퓨터의 도움으로 발견하였다. 이러한 현상을 '나비효과butterfly effect' 또는 '갈매기 효과seagull effect'로 표현하고 있다. 즉 서울에 있는 나비의 날갯짓에 의한 아주 가벼운 바람의 진동이 뉴욕에서는 태풍으로 변한다는 것이다.

이러한 '초기 조건에의 민감한 의존성'의 개념은 19세기 말 프랑스의 푸앵카레Henri Poincare에 의해 선구적으로 논의되었고, 로렌츠의 논의에서 중요한 부분을 차지하는 동역학에 관한 논의도 이미 1920년대에 비르코프G.D. Birkhoff에 의해 전개되었다. 로렌츠는 이들의 작업을 종합하고, 컴퓨터의 도움을 받아 후일 '별난 끌개strange attractor'라는 개념으로 구체화되는 카오스 형상 가운데 하나를 발견한 것이다.

카오스라는 용어는 리李天岩와 제임스 요크James A. Yorke의 논문 제목을 붙여 널리 유통된 것이지만, 처음에는 정확한 정의가 내려져 사용된 것은 아니었다. 그러나 연구자의 증가와 함께 누구나 납득할 수 있는 정의를 규정할 필요성이 점차 요청되기에 이르렀다. 카오스 이론에 대한 관심이 일어난 지 거의 10년이 지난 1986년, 영국왕립협회가 주최하는 카오스에 대한 국제회의 석상에서 정의를 채택하게 됐다. 많은 논의 끝에 채택된 정의는 '결정론적인 계에서 일어나는 확률론적인 행동'[12]이라고 정의하였다. 이것을 쉽게 풀이하면 '전적으로 법칙에 따라서 지배되면서 법칙성이 없는 행동'으로 볼 수 있다.

수학적으로 카오스란 단순한 혼돈이 아닌 처음에는 정연한 질서를 유지하다가 어느 순간 걷잡을 수 없는 상황이 되는 것이다. 카오스는 질서에 숨어 있는 불규칙성이다. 따라서 카오스적 현상에는 'A이면 B가 된다'는 결정론적 예언은 있을 수 없다. 비가역적이고, 비결정론적이며, 기본적으로 혼돈적인 자연현상에서 나타나는 질서를 찾고 있는 카오스 이론은 20세기 후반에 나타난 과학의 양상을 대변하면서 물리학, 수학, 인문사회학 등의 학계와 일반 대중으로부터 많은 관심의 대상이 되고 있다.

다음은 복잡계 이론의 또 다른 출발점인 프리고진의 자기조직화 이론을 살펴보자. 카오스 이론은 주로 미국을 중심으로 발전했지만, 사실상 카오스 이론의 핵심적인 논의가 포함된 비평형열역학은 벨기에의 화학자 일리야 프리고진에 의해 보다 선구적으로 전개되었다. 그는 비평형열역학에 대한 연구로 1977년 노벨화학상을 받기도 했다.

프리고진의 사상은 흔히 '혼돈으로부터의 질서order out of chaos'라는 말로 대변되기도 한다. 프리고진은 비평형열역학을 다음과 같이 요약

---

12 위의 책, pp. 247-248.

하고 있다.

이제 우리는 주요 결론 중 하나에 이르게 된다. 즉 거시적 물리학의 수준이건 요동들의 수준이건 또는 미시적 수준이건 모든 수준들에서 비평형은 질서의 근원이라는 것이다. 비평형은 혼돈으로부터의 질서를 가져오는 것이다. 이제 새로운 통합이 나타나고 있다. 가역성은 모든 수준들에서 질서의 근원이라는 것이다. 비가역성은 혼돈으로부터 질서를 가져다주는 기구이다.[13]

프리고진의 저작 《있음에서 됨으로From Being Becoming》 역시 그의 사상에 대한 핵심적인 논의를 담고 있다.[14] 그에 따르면 '있음의 세계'는 기계론적이고 결정론적이며, 뉴턴이 발전시킨 고전역학적인 세계관, 즉 라플라스적 세계관이 여기에 해당한다. 가역성을 강조하는 정지된 동역학적 기술은 '있음'과 관련시킬 수 있고, 이에 반해서 비가역성을 강조하고 있는 열역학적 서술 방법은 '됨'과 관련된다. '됨의 세계'는 진화론적, 유기체적, 비결정론적이며, 이 영역에서는 열역학과 엔트로피 법칙이 적용된다. 즉 대칭을 파괴하는 선택 원리로서 열역학 제2법칙은 자연계에 대한 확률적이며 통계적인 해석을 낳게 되는 것이다.

엔트로피 법칙은 본래 자연은 질서로부터 무질서로 향하는 경향이 있다는 것이었다. 프리고진은 이 엔트로피 법칙을 비평형 통계역학

---

13 일리야 프리고진, 신국조 역《혼돈으로부터의 질서》고려원미디어, 1993, 서문 참조.
14 일리야 프리고진, 이철수 역《있음에서 됨으로》민음사, 1988 참조.

붓다의 정치철학 탐구

속에서 다시 새롭게 발전시켜서 질서에서 무질서가 나타나는 것보다는 무질서에서 질서가 나타나는 것이 보다 일반적인 자연현상이라고 주장하고 있다.

프리고진이 창안해낸 비평형 통계역학의 핵심적인 내용은 '소산구조消散構造, dissipative structure'와 '자기조직화self-organization'에 대한 이론이다. 그에 의하면 평형으로부터 멀리 떨어져 있는 불안정한 비평형 상태에서 미시적인 '요동fluctuation'의 효과로 거시적인 안정적 구조가 나타날 수 있는데, 이때 나타나는 안정적 구조를 소산구조라 하고, 이런 과정을 자기조직화라고 불렀다. 이 외에도 프리고진은 분기 현상 혹은 두 갈래 치기bifurcation라는 메커니즘을 통해서 물리 세계에서 비결정론적 현상이 나타날 수밖에 없다는 것을 강조하고 있다.

복잡계의 대표적인 예가 바로 생명체계라고 할 수 있다. 생명체계는 수많은 구성요소로 이루어진 열역학적 체계이기 때문에 미시적 역학 이론으로는 접근할 수 없다. 모든 생명체는 생명이 없는 존재와 마찬가지로 수많은 원자로 이루어져 있다. 그러나 원자가 생명이 있다고 볼 수 없다. 원자가 모인 분자도 살아 있지 않다. 세포에 이르러서야 분명히 살아 있는 존재라 할 수 있다. 세포는 물질대사를 하고 스스로 복제함으로써 증식하고, 성세포들은 배우자 세포를 만나 새로운 생명을 만든다. 어떻게 살아 있지 않은 원자들이 모여 고도로 정교하고 복잡한 세포를 만들고 생명을 얻을까? 생명은 열린 시스템이며 '혼돈의 가장자리'에 있는 것이다. 양자역학의 기본 방정식을 이끌어 낸 슈뢰딩거는《생명이란 무엇인가?》라는 저서에서 생명은 완전한 질서 체계가

제1장_ 불교 정치철학 탐구를 위한 첫 디딤돌

아니라 '비주기적 결정'이라고 규정하고, 이는 복잡함 속에서 조화롭고 의미 있는 질서를 드러내는 거장의 위대한 작품과 같다고 말한다. 지금의 표현으로 바꾸면 '생명은 복잡계'라고 단언한 것이다.[15]

복합체계 이론을 연구하고 주창하는 학자들 중에는 붓다의 이론에 동감하고 감탄하는 사람들이 많다. 더구나 2,500년 전에 이런 사유 방식을 찾아내고 이를 바탕으로 불교라는 종교가 출발되었다는 사실에 경이감을 표하고 있다. 대표적인 사례로 조애너 메이시Joanna Macy는 《불교와 일반 시스템이론Mutual Causality in Buddhism and Systems Theory》 이라는 저서를 통해 불교의 연기론, 무아론, 윤회론, 윤리론 등 붓다 다르마 전체를 일반체계 이론으로 설명하고 있다.[16] 필자는 복합체계 이론이 한국에 도입될 당시 대학원 과정에서 복합체계 이론을 인문사회과학에 적용하는 학문적 훈련을 받았다. 당시에도 복합체계 이론이 연기론과 매우 닮았다는 생각을 직관적으로 하고 있었다.

비판적 체계윤리의 특성

새로운 세계관의 등장과 함께 기존 윤리의 한계를 극복하고 새로운 윤리적 대안을 모색하기 위한 노력이 있어 왔다. 기존 윤리는 현대 사회에 적용되기에는 많은 문제점을 가지고 있다는 것이다. 시간의 변

---

15 유상균 《시민의 문리학》 플루토, 2018, pp. 283-285.
16 조애너 메이시, 이중표 역 《불교와 일반 시스템이론》 불교시대사, 2004 참조.

화에 따라 인간의 본성도 자연의 본성도 사회의 요구에 따라 변화되었다. 선과 악의 개념도 변화되었다. 인간의 행동 범위 또한 과거에 비해 엄청나게 확대되었고 책임의 범위도 확대되었다. 그러나 기존 윤리는 자연과 인간의 본성을 고정적이고 불변적으로 보았다. 또한 선이란 명확하고 이해 가능한 것이며, 고정된 본성관에 기초하여 선과 악을 구분하는 것이 가능하다고 보고 있다.

비판적 체계윤리는 기존 윤리의 한계를 극복하기 위해서 복합체계 이론에 바탕하여 울리히W. Ulich가 주창하였다. 비판적 체계윤리는 미래 반응적이고 실천적인 지식과 책임 있는 행동을 성찰함으로써 우리 세대 및 미래 세대가 당면한 윤리적 상황을 해결하고자 한다는 것이다. 따라서 비판적 체계윤리에서 윤리적 행동의 적용 범위는 인간을 넘어 생태계로 확대되고 있다. 또한 행위의 책임 내지 정당화는 그 행위의 의도, 동기 면에서뿐만 아니라 결과에 대해서도 합리적이고 비판적으로 이루어져야 한다고 본다. 여기서의 합리성은 완벽한 합리성이 아니라, 불완전한 지식과 제한된 이해라는 현실 속에서 비판적이고 합리적인 사회적 실천을 지향한다는 것이다. 다시 말해 비판적 체계윤리는 인간과 사회의 불완전성을 받아들이면서 동시에 그것을 비판적 성찰과 상호주의적 성찰을 통해 그 윤리적 합리성을 찾고자 하는 것이다. 울리히는 새로운 윤리가 정의 사회를 실현하고자 한다면 다음과 같은 특성을 지녀야 한다고 주장한다.[17]

---

[17] 방영준《공동체 생명 가치》개미, 2011, pp. 170-173.

제1장_ 불교 정치철학 탐구를 위한 첫 디딤돌

첫째는 실천 가능한 보편적 윤리이다. 여기서 보편적 윤리관이란 고려되어야 할 적용 맥락이 미리 제한되어 있지 않다는 점을 의미한다. 이것은 기존 윤리의 제한된 경계 판단을 극복한다는 의미에서 보편성을 가진다는 것이다. 또한 비판적 체계윤리가 보편성을 추구한다는 것은 의사소통의 담론적 방식에 의한 적용 맥락의 확대를 의미한다.

둘째는 인지적 윤리이다. 인간 행위의 범위가 확대된 오늘날 도덕 판단의 인지적 필요조건 또한 크게 증대되어야 한다는 것이다. 과거에는 도덕적 의지만으로 훌륭한 도덕 판단이 형성될 수 있었지만 오늘날 요구되는 윤리에는 그에 합당한 지식이 요청된다. 이론적 전문성과 미래와 관련된 지식을 갖고 있어야만 행위의 결과를 예상하고 평가할 수 있기 때문이다. 행위의 잠재적 결과에 대한 충분한 지식은 오늘날 중요한 도덕적 의무이다. 즉 지식이 결여된 도덕판단은 도덕적 양심이 결핍된 것으로 간주하게 된다.

셋째는 예상적 윤리이다. 새로운 윤리는 과거의 윤리가 지니고 동시성과 현現공간성의 한계를 극복하여야 한다. 말하자면 비판 체계윤리의 전체 체계 판단이나 의사소통의 범주에는 과거, 현재, 미래 세대와 생태계의 모든 존재가 윤리적 공동체의 일부분으로 포함되지 않으면 안 된다는 것이다. 울리히는 특히 도덕적 성찰이 미래에 책임지는 행동으로 전환되어야 할 것을 주장한다. 미래 세대가 존엄성과 자기 결정성에 의해 살기를 원한다면 우리가 먼저 책임을 지도록 해야 한다는 것이다.

붓다의 연기론을 현대적 용어로 풀이한 것으로 평가받는 복합체계 이론을 이론적 배경으로 해서 출발한 비판적 체계윤리는 연기론적 사유를 바탕으로 한 현대의 새로운 윤리관이라는 것을 알 수 있을 것이다. 종래의 기계론적 패러다임을 넘어 생명론적 패러다임의 시대가 도래하고 있다. 비판적 체계윤리는 생명론적 패러다임 시대가 요구하는 연기적 윤리관이다.

이데올로기와 종교
그리고 불교

정치 신념 체계와 종교의 신앙 체계는 일란성 쌍둥이처럼 매우 닮았다. 따라
서 정치와 종교 그리고 불교와의 관계를 살펴보기 위해서는 이데올로기에
대한 철저한 분석이 전제되어야 할 것이다. 이를 바탕으로 종교의 믿음의 양
상과 특징이 정치 이데올로기와 어떤 관계를 가지고 있는지 밝힐 수 있을 것
이다. 그리고 이를 불교의 신앙 체계와 연결하여 분석할 수 있을 것이다.

붓다의 정치철학 탐구

1. 이데올로기란 무엇인가

이데올로기의 구조와 기능

현대 비평가인 잉거솔David Ingersoll은 이데올로기는 일반적으로 기존의 사회현실에 대한 비판적 평가와 대안에 의하여 전개될 미래 전망, 그리고 그 미래를 실현하기 위하여 요구되는 구체적인 실천 강령 등으로 엮어진다고 주장하고 있다.[18] 이데올로기는 보다 바람직한 사회질서와 사회상을 지향하는 관념으로 이루어지기 때문에, 기존의 사회질서에 대하여 그 잘못된 구조가 어떠한가를 비판적으로 평가, 분석하는 데서부터 출발한다. 사실 현실보다 더 나은 어떤 상태를 기준으로 하여 현실을 평가하면 그 현실은 항상 불안전하고 결함을 가지게 마련이다. 따라서 이데올로기가 내리는 기존 사회현실에 대한 판결은 언제나 유죄가 아닐 수 없다. 문제는 이 유죄 판결이 정확한 사실 증거에 근거한 합리적인 것인가, 객관적이고 보편적인 기준에 입각한 것인가의 여부에 있다.

---

18 L.P., Baradat, *Political Ideologies: Their Origins and Impact*, N.J.; Prentice Hall, 1984, p.8 참조.

기존의 사회현실에 대하여 일단 유죄 판결을 내리고 나면, 이데올로기는 그 현실에 대한 반명제적인 대안을 제시한다. 여기에는 그 대안이 실현될 경우에 새로이 펼쳐질 사회질서와 그것에 의하여 제공될 풍요로운 삶의 양식에 대한 묘사가 포함된다. 특히 중요한 것은 이러한 새로운 사회상의 묘사가 얼마나 바람직한가보다는 그것이 현실적으로 어느 정도의 실현 가능성을 지니고 있는가이다. 제아무리 그럴듯한 미래상이 제시된다 하더라도 현실요건에 비추어 볼 때 실현 가능성이 희박하다면, 그것은 사람들의 마음을 설레게 하는 일시적인 흥분 효과는 가져올 수 있을지 모르지만 실질적으로는 무용지물에 지나지 않기 때문이다.

기존 사회현실의 대안으로서 미래상을 제시하고 나면, 이데올로기는 그것을 실현하기 위한 구체적인 실천 방안을 밝힌다. 여기에는 대체로 이데올로기에 의하여 제안되는 목표를 달성하기 위한 전략과 전술이 포함된다. 이러한 실천 강령은 대중 동원을 전제로 한 것이기 때문에 내용의 짜임새가 간명하고 용어가 어렵지 않다는 특징을 가지고 있다.

위에서 살펴본 이데올로기의 구조에 대한 이론을 종합하고 정리해 보면 크게 세 가지 구성 요소로 분류할 수 있다. 즉 '상황 규정의 요소' '지향 가치의 요소' '실천 방안의 요소'이다. 첫째, 상황 규정은 당대의 사회구조에 대한 비판이나 정치 상황에 대한 분석과 해석 등을 포함한다. 따라서 이데올로기는 어느 정도 경험성과 사실성을 갖는다. 둘째, 지향 가치는 이데올로기가 지닌 유토피아적 요소를 의미하는 것으로,

붓다의 정치철학 탐구

규범적 당위성을 띠게 된다. 셋째, 실천 방안은 상황 규정을 토대로 지향 가치를 구현하려는 여러 가지 수단, 처방, 정책, 제도, 과정 등을 나타낸다.

이렇게 이데올로기는 인간의 상황에 대한 표상과 앞날에 대한 전망과 이상, 이에 따르는 실천 방안들의 변증법적 관계를 이성적으로 성찰하고 논리적으로 체계화한 것이라 하겠다. 그러나 상황에 대한 인간의 표상이 일방적이고 적절하지 못하고 또한 미래에 대한 전망이 잘못되고 실천 방안에 문제점이 많다면 그 이데올로기는 비非진실이고 허위나 기만이 되는 것이다.

이데올로기는 집단 사회에서 다양한 기능을 하고 있다. 그 다양한 기능을 정리해 보면 크게 다섯 가지로 볼 수 있다.

첫째, 사람들에게 대상을 이해할 수 있는 인식구조를 제공한다. 즉 거대하고 복잡한 삶의 세계를 쉽게 이해하고 해석하게 하는 신념 체계의 기능을 한다.

둘째, 공감대와 일체감을 조성하여 구성원들을 행동화시키고 조직화하는 기능을 한다. 이러한 의미에서 이데올로기는 '행동하는 관념체계'로서 신봉자들을 조직화하여 특정 목적에 동원하는 것이다.

셋째, 사회적 결속과 통합을 가능케 한다. 이를 통해 정치권력을 안정화, 효율화시키면서 정치적 정통성의 기초를 마련한다.

넷째, 판단과 행동의 처방을 통해 자기 정체성을 확립시켜 준다. 이러한 기능을 통해 개인이나 집단에 희망의 방향을 제시해 주고, 권리와 의무를 규정해준다.

다섯째, 이데올로기는 표현 수단을 제공하여 긴장과 갈등의 관리 기능을 한다. 즉 사람들의 욕구, 이익, 희망, 심지어 개인적 충동이나 분노를 표현하는 수단을 제공하여 사회적 긴장과 갈등에 대처하도록 해준다.

이데올로기의 양가성과 함정

이데올로기의 기능은 긍정적 측면과 부정적 측면을 함께 지니는 양가적 특성을 가지고 있다. 인간은 함께 살아가는 사회적 존재이며 따라서 이데올로기적 존재이기도 하다. 그러나 이데올로기는 '칼'과 같은 존재이다. 주부의 손에 쥐어지면 맛있는 요리를 만드는 도구가 되지만, 강도의 손에 쥐어지면 무서운 흉기가 되어 버린다. 우리는 긴 역사를 통해 흉기로 작용한 많은 이데올로기를 기억하고 있다. 공산주의를 위해 죽은 사람, 공산주의를 반대하기 위해 죽은 그 많은 사람의 희생은 도대체 무엇을 의미하는가. 이데올로기는 그 자체에 흉기가 될 수 있는 가능성을 이미 가지고 있다. 이것이 바로 이데올로기의 오류이며 함정이다. 오류의 함정에 빠지지 말아야 이데올로기의 역기능을 극복할 수 있다. 그러면 오류의 함정은 무엇인가? 이러한 함정에 빠지는 오류를 정리해 보면 다음과 같다.[19]

---

19 Reo M. Christenson, et al., *Ideologies and Politics*, N.Y.; Harper & Row, 1981, pp. 16-17

붓다의 정치철학 탐구

첫째, 물화物化의 오류the fallacy of ideological reification이다. 즉 이데올로기는 언어로 표현된 추상적 개념이지 현실 그 자체가 아니라는 사실을 망각하는 오류를 말한다.

둘째, 논리의 오류the fallacy of logic이다. 즉 어떤 것이 논리적이기 때문에 진실이고, 비논리적이기 때문에 허위라든가 악이라는 것이다.

셋째, 역사의 오류the fallacy of history이다. 역사 발전의 공식을 나름대로 만들어 과거에 적용시키고 또한 미래에도 적용시키는 오류이다. 미래를 내다보는 지혜는 과거를 돌아보고 선대들의 생활과 경험을 배우는 데서 얻을 수 있지만, 우리의 결론과 선택은 역사적 기록에만 국한되는 것이 아니라 훨씬 복합적이고 다양하다.

넷째, 가치를 사실로 인정하는 오류the fallacy of values defined as facts이다. 이것은 가치에 사실의 옷을 입힘으로써 가치를 사실로 둔갑시키고 사람을 오도하는 함정이다.

다섯째는 과학적, 도덕적 확실성에 관한 오류the fallacy of scientific and moral certitude이다. 절대적으로 확실한 정치적 지혜나 도덕체계라는 것은 있을 수 없음에도 불구하고 이에 대한 절대적 믿음을 갖게 만드는 함정이다. 다시 말해 이데올로기의 광신자가 되게 하는 것이다.

여기서 이데올로기 비판 능력의 필요성이 제기된다. 이데올로기의 오류의 함정에 빠지지 않고 인간 삶의 방향을 제대로 잡고, 삶의 질을 높이는 지혜가 반드시 필요한 것이다. 그러나 이것은 결코 쉬운 일이 아니다. 이데올로기는 각종 신화와 엄숙한 제의의 옷을 입고 민중을 설득하고 최면에 빠지게 한다. 독선적이고 경직화된 이데올로기로부터 사람들을 해방시키고, 그들로 하여금 진실을 인식하게 하고, 변화된 환경의 도전에 창의적으로 대응하게 할 수 있는 사회를 만든다는 것은 매우 어렵다. 이것은 사회구성원의 끊임없는 자기 성찰과 민주시민 의식의 함양, 그리고 민주주의의 구현을 통해 가능하다. 이것이야말로 불교의 정치철학적 소명의 중요한 과제이기도 하다.

2. 믿음의 유형과 불교의 신앙 체계

　종교와 이데올로기의 쌍둥이 같은 관계는 결국 믿음의 강제와 믿음의 마술에 있다 하겠다. 잘못된 믿음의 덫에 걸릴 때 사람들은 종교와 이데올로기의 노예가 된다. 이렇게 될 때 이것은 사적인 영역을 넘어 공적인 영역으로 확대되어 엄청난 재앙을 가져오기도 한다. 도대체 믿음이란 무엇인가?

　인간의 삶의 모습은 다양한 믿음의 구조 속에서 진행된다고 볼 수 있다. 인간을 흔히 사회적 존재라 칭한다. 바로 사회적 존재는 믿음의 구조와 기능 속에서 이루어진다고 할 수 있다. 이러한 믿음 체계는 개인과 사회 공동체에 엄청난 영향력을 발휘하고 있다. 종교에 대한 심리학적 접근은 믿음에 대한 분석이 주요한 과제이다.

　그런데 왜 믿을까? 왜 믿어야만 하는가? 여기서 다양한 믿음의 양식이 나온다. 첫째로 잘 알고 있기 때문에 믿는 것이다. 또는 잘 알고 있다고 확신하기 때문에 믿는 것이다. 이러한 믿음은 논리적, 합리적인 틀을 만들어 자기의 믿음을 주장한다. 두 번째는 믿고 싶어서 믿는 것이다. 믿지 않으면 불안하기 때문이다. 내일 내가 살아 있을지, 지구가 그대로 있을지 모른다면 우리의 삶은 얼마나 불안할까. 내가 내일 살아 있고 이 지구가 있다는 것을 믿는 것이 우리의 삶에 여러모로 행복을 가져다줄 것이다. 이러한 믿음은 생존적 믿음이라고 칭할 수도 있다. 또는 본능적 믿음이라고 볼 수도 있다. 세 번째는 모르기 때문에 믿는 것이다. 그러나 스스로 모르기 때문에 믿는다고 주장하는 사람은 없을 것이다. 매우 조심스러운 이야기이지만 아마도 많은 종교 신앙인들이 모르고 있기 때문에 믿고 있는지도 모른다. 모르는 것을 모른 채로 놔두는 것은 엄청난 인내와 지성을 필요로 한다. 모르는 것은 다양한 신화와 마술로 접근해오고 많은 사람은 거기에 넘어간다. 이 외에도 다양한 믿음의 유형을 도출할 수 있다.

믿음이라는 단어는 종교에서 제일 중요한 키워드이다. 그러나 그 의미를 정확히 파악한다는 것은 어려워 보인다. 믿음에 대한 이해가 종교마다 다르고, 신앙 또는 신뢰 등의 유사 단어와의 의미 혼란도 있다. 필자는 믿음에 대한 연구들 중에서 파울러와 로더의 이론을 일별해 보고자 한다.

에모리대학교 믿음발달센터의 소장인 제임스 파울러James E. Fowler 교수는 저서《신앙의 발달단계Stage of faith》에서 믿음의 형식이 삶의 과정에서 어떻게 발달하는가를 분석하고 있다.[20] 파울러는 믿음을 인간이면 누구나 갖는 보편적 범주로 이해한다. 따라서 무신론자를 포함해 모든 사람은 나름의 믿음을 갖고 있다고 할 수 있다. 그는 믿음을 축적된 전통이나 신념 체계와는 다른 그 너머의 초월자에 대한 신뢰와 충

---

20 제임스 파울러, 사미자 역《신앙의 발달 단계》한국장로교출판사, 1987 참조.

붓다의 정치철학 탐구

성으로 이해하여, 믿음을 전인적인 것으로 파악하였다. 따라서 믿음을 종교 전통 안에서의 문제라기보다는 세상에서 책임 있는 존재의 삶으로 나아가는 발달로 이해하였다. 이런 관점이 '믿음의 연속적 성장을 위한 양육'이라는 관점에 입각한 종교교육 정책의 토대를 제시한다.

파울러는 피아제의 논리 형태론, 콜버그의 도덕 발달론, 에릭슨의 생애주기 이론을 자신의 연구에 접목하여 믿음의 발달단계를 6단계로 제시하고 있다. 1단계 : 직관적·투사적 믿음intutive-projective faith → 2단계 : 신화적·문자적 믿음mythic-literal faith → 3단계 : 종합적·인습적 믿음synthetic-conventional faith → 4단계 : 개별적·성찰적 믿음individuative-reflective faith → 5단계 : 통합적 믿음conjunctive faith → 6단계 : 보편적 믿음universalizing faith으로 나누고 있다. 이러한 발달단계는 점증되는 계단식 모형이라기보다는 나선형 모델을 취하고 있다. 또한 파울러는 대개의 종교 신자들이 3~5단계의 수준에 있다고 본다.

파울러의 믿음발달론의 장점은 객관적으로 규명하기 어려운 인간의 믿음 변천 과정을 파악하는 데 편리한 접근 체계를 확립했다는 것이다. 그러나 믿음의 개념을 지나치게 인지적이며 합리적인 차원에서 보았다는 점이 비판받고 있다. 또한 미국인에 한정하여 자료를 수집하였기 때문에 문화상대론과 지식사회학적 측면에서 볼 때 다른 국가나 사회에 적용하기에는 적절성이 떨어진다. 필자는 파울러의 이론을 종교적 믿음에 적용하는 데 많은 한계가 있다고 생각한다. 왜냐하면 종교적 믿음은 합리적이고 인지적인 성격보다는 직관적이고 신비적인 성격이 강하고, 또한 한번 형성되면 쉽게 변하지 않는, 즉 인간의 성장

과정에 따라 그 믿음이 쉽게 변한다고 생각하지 않기 때문이다.

이상의 파울러의 믿음발달 이론에 반대되는 이론이 제임스 로더 James E. Lorder의 변형transformation 이론이다.[21] 로더가 말하는 '변형'이란 용어는 "의도나 연속선을 따라서 삶의 낮은 차원에서 높은 차원으로 그 형태가 바뀌는 것"을 의미한다.[22] 즉 애벌레가 나비로 변하는 것이다. 이러한 변형은 5단계의 과정을 거쳐 이루어진다고 본다. 갈등 conflict의 단계→탐색interlude for scanning의 단계→상상imagination의 단계→개방 단계→해석interpretation의 단계이다.

이러한 로더의 이론은 키르케고르에게 학문적 토대를 둔 데서 나오는 것이라 하겠다. 키르케고르는 진리란 객관적으로 개념화되어 하나의 사상체계에서 완성될 수 있는 것이 아니고, 실존하는 인간의 주체적인 결단에 의하여 얻어지는 것이라 믿었다. 그에게 있어서 인간존재는 비합리적이고 비이성적인 요인의 지배를 받는 존재여서 불안, 절망, 죄책감과 같은 무거운 짐을 지고 살아갈 수밖에 없는 존재이다. 이런 인간존재는 진리 안에서만 자신의 진정한 모습을 발견할 수 있다. 그에게 진리는 자신의 종교인 그리스도교를 의미한다. 그리고 자신의 진정한 모습은 절대 타자인 하느님 앞에 서는 단독자가 될 때만 가능하다고 보았다. 로더는 1970년에 경험한 교통사고를 통해서 자신의 삶이 획기적으로 전환되는 경험을 계기로 하여 변형 이론이라는 학문적

---

21 제임스 E. 로더, 이기춘 외 역《삶이 변형되는 순간: 확신체험에 대한 이해》한국신학연구소, 1988 참조.
22 위의 책, p.74.

붓다의 정치철학 탐구

인 분석을 시도하였다.

파울러는 믿음의 단계적 양육의 측면을 강조한 반면, 로더는 믿음의 계시적 질적 변형을 강조했다고 볼 수 있다. 두 이론은 서로 각자의 부족한 점을 보완해 주는 상호보완적 관계에 있다고 할 수 있다.

불교 전문 출판사 운주사에서 발간된《믿음, 디딤돌인가 걸림돌인가》에서 집필자들의 믿음에 관한 내용을 살펴보는 것도 많은 참고가 될 것이다.[23] 이 책의 편집자인 한자경 교수는 믿음의 출발점을 '모름'에서 근거를 세우고 있다. 그러면서 믿음을 이성적, 합리적 믿음과 자연적, 본능적 믿음으로 나눈다. 이 구분은 믿음이 의식적이냐, 무의식적이냐에 따른 분류이다. 또한 계시에 따른 신의 논리에 입각한 '초이성적 믿음'과 이성에 따른 인간 논리에 입각한 '이성적 믿음'으로 구분하기도 한다. 이러한 분류들은 많은 논쟁점을 가지고 있으나 믿음을 보는 지평을 넓혀준다고 본다. 또한 한자경 교수는 종교에 대한 믿음을 '대상적 믿음'과 '주체적 믿음'으로 분류하고 있다.

대상적 믿음은 믿는 주체와 믿음의 대상을 분리하여 질적으로 서로 다른 것으로 간주하는 믿음이다. 반면에 주체적 믿음은 믿는 주체와 믿음 대상의 이원적 분리를 넘어서서 믿는 자가 믿음의 내용을 직접 확인할 수 있다는 믿음이다. 믿음이 단순히 특정 대상을 향한 숭배나 찬양에 그치지 않고, 수행 정진하여 궁극의 경지에 이르면 나도 근원적 깨달음을 성취하리라는 것을 믿는다는 점에서 주체적 믿음이라

---

23 오강남 외《믿음, 디딤돌인가 걸림돌인가?》운주사, 2012 참고.

제2장_이데올로기와 종교 그리고 불교

고 할 수 있다.[24]

오강남 교수는 비교종교학의 입장에서 '표층 신앙'과 '심층 신앙'을 구분하고 있다. 그는 종교의 본질, 믿음의 참의미를 밝히기 위해서는 교리적 문자에 매인 표층 신앙에서 벗어나 더 깊은 영적 차원 내지 신비적 차원의 심층 신앙으로 나아가야 한다고 주장한다. 이와 함께 오강남 교수는 마커스 보그Marcus J. Borg의 네 가지 믿음 유형을 소개하고 있다. 보그의 믿음의 네 가지 유형은 다음과 같다.[25]

- 승인assenus으로서의 믿음 : 믿음 내용을 사실로 승인함
- 신뢰trust로서의 믿음 : 자신을 맡기고 신뢰함
- 성실성faithfulness으로서의 믿음 : 충성을 바침
- 봄vision으로서의 믿음 : 확신 내지 깨달음

위의 네 단계는 표층 신앙에서 심층 신앙으로 나아가고 있다. 이것은 위에서 언급한 대상적 믿음에서 주체적 믿음으로 전환되는 과정과 유사하다.

지금까지 믿음의 유형과 특징을 살펴보았다. 그런데 믿음의 마술로부터 벗어난 종교가 있다. 바로 불교이다. 불교의 교리는 '절대적 타자'를 부인한다. '붓다'는 기독교인이 말하는 '신'과는 개념이 전혀 다르다. 붓다는 천지와 만물의 창조자가 아니다. 기독교에서 신은 천지와 만물

---

24 위의 책, pp. 13-19.
25 위의 책, p. 236.

붓다의 정치철학 탐구

의 창조자이다. 그리고 유일한 존재이다. 그 신은 천지가 창조되기 이전부터 있었던 분이고, 모든 존재는 그로부터 나온 것으로 지금도 '하늘에 계신 아버지'로 세상 위에 군림하고 있다. 인간은 절대적 타자인 신에게 절대적으로 의존한다.

기독교는 이렇게 절대주의적 입장을 취한다. 이에 비해 불교는 상대주의적 입장을 취하고 있다. 불교 근본 교리의 핵심은 연기론이다. 연기는 붓다가 깨달은 존재법이다. 연기의 법칙은 상대성의 원리이다. 붓다는 이 원리 위에 불교라고 일컬어지는 사상과 실천의 전 체계를 구축한다. 연기의 법칙을 바탕으로 무상의 원리가 세워지고 무아의 도리가 주장된다. 또한 중도 사상도 그것에 의해 이루어진 실천의 원리라 할 수 있다.

이렇게 불교 교리 자체가 이데올로기의 특징과 매우 다르다. 그렇다고 해서 불교가 믿음을 경시하는 것은 아니다. 믿음의 성격이 다르다. 어떤 절대적 대상이나 사상을 믿는 타자적 믿음이 아니라, 스스로 진리를 깨달을 수 있다는 주체적 믿음이다.

불교를 흔히 깨달음의 종교라고 칭한다. 불교는 인간 삶의 고통의 근본 원인을 갈애渴愛와 무명無明으로 보고, 이러한 고통에서 벗어나 대자유와 행복을 얻기 위해 깨달음의 수행을 강조한다. 또한 붓다는 궁극적으로 무엇에 의지해야 하는가를 묻는 제자들을 향해 '자등명自燈明 법등명法燈明'을 설하고 있다. 즉 자신에게 의지하고 법에 의지하라는 것이다. 이렇게 보면 불교는 믿음과는 관계없는 지혜의 종교, 깨달음의 종교로 보인다. 과연 그러한가?

제2장_이데올로기와 종교 그리고 불교

불교에서도 믿음은 제일 중요한 요소라고 생각한다. 불교 신자가 되는 첫 출발은 결국 믿음이다. 붓다를 믿고, 붓다 깨달음의 내용을 믿지 않고 어찌 불교가 성립될 수 있는가. 그러나 불교의 믿음이 붓다와 붓다의 가르침만을 믿는다면 그것은 대상적 믿음의 종교에 그치고 말 것이다. 불교가 대상적 믿음의 종교라면 이것은 결코 붓다의 가르침을 따르는 것이 아니다. 불교는 대상적 믿음에서 출발하지만 스스로 깨달아 부처가 될 수 있다는 자신에 대한 믿음, 즉 주체적 믿음이 뿌리가 되어야 한다. 표현을 달리해 보면 표층적 믿음에서 심층적 믿음으로 전환시켜야 한다는 것이다. 이러한 믿음이야말로 깨달음에 이르고자 하는 수행의 원동력이 되는 것이다.

그러면 불교에서 믿음은 어떤 특징을 가지고 있는가? 일반인에게 불교의 믿음은 많은 혼란을 줄 수 있는 여지가 많다. 믿음 자체를 장애로 간주하기도 하면서 뛰어넘으라고 하고, 아미타불만을 염송하면서 극락 가기를 염원하기도 한다. 정법의 세계를 실현하기 위해 어떠한 믿음을 가져야 하는가는 불교의 논쟁사에서 중요한 쟁점이기도 하였다. 관념도 진화한다고 볼 수 있다. 시대와 환경의 변화에 따라 관념의 체계도 이에 적응하고자 진화한다. 진화가 바람직한 것이냐 아니냐는 그다음의 평가 문제이다. 불교의 믿음 체계도 시대의 변화에 따라 다양한 이론이 생성되리라는 것은 지극히 당연하다고 할 수 있다.

여기서 삼십칠조도품三十七助道品의 내용을 소개하고자 한다. 초기 경전에서 제시한 다양한 수행법을 37가지로 정리한 것이 37조도법이다. 그 구체적인 내용은 4념처四念處, 4정근四正勤, 4신족四神足, 5근五根,

5력五力, 7각지七覺支, 8정도八正道이다. 이들 수행법의 숫자를 합하면 37이 된다. 다섯 가지 뿌리인 오근, 즉 믿음신근, 노력정정진, 알아차림염근, 선정선근, 지혜혜근에서 믿음의 뿌리를 짚고 넘어갈 필요가 있다. 우리는 믿음을 아무런 노력이나 지혜 없이 그냥 어떤 계기에 따라 자연스럽게 생겨나는 것으로 생각할 수 있다.

그러나 믿음의 뿌리가 생긴다는 것은 진지한 성찰과 노력, 경험과 수행의 열매이다. 이러한 믿음은 마음이 불필요하게 갈등하거나 흔들리지 않고 목표를 향해서 정진할 수 있는 에너지를 공급한다. 믿음의 뿌리를 바탕으로 일관되게 나아가다 보면 점차 알아차림의 힘이 굳건해지는 것은 당연하다. 그리하여 자각의 뿌리가 생겨나고 자각의 마음이 커질수록 마음은 더욱 고요해져서 집중의 상태에 머무르는 선정의 뿌리가 굳게 내릴 것이다. 이렇게 되면 선정의 뿌리에 바탕을 둔 지혜가 자연스럽게 돋아나게 된다. 오근의 다섯 가지 뿌리에서 다섯 가지 힘오근, 즉 믿음의 힘신력, 정진의 힘진력, 알아차림의 힘염력, 선정의 힘정력, 지혜의 힘혜력이 생긴다. 오근과 오력의 각 요소는 서로 상호의존적인 관계임은 말할 것도 없는데, 믿음이 항상 첫 순서에 오른 것은 믿음의 중요성을 어느 요소보다 강조한 것이라 볼 수 있다.

같은 맥락에서 《유식 30송》의 '11송'을 유념해 볼 수 있다. 11송에는 선한 정신작용으로 믿음, 양심, 부끄러움, 탐욕, 성냄, 어리석음, 정진 등 11가지 선한 작용을 제시하고 있다. 선을 기뻐하고 악을 싫어하는 착한 정신작용을 작동시킴으로써 깨달음으로 향한 마음의 수행을 출발할 수 있음을 강조하고 있는 것이다. 여기서 첫 번째로 등장하는 것이 바로 믿음이다.

이렇게 불교의 믿음은 수행을 통해서 얻어지고 확인되며, 깨달음으로 가는 나침반의 역할을 한다. 즉 불교의 믿음은 믿음의 미혹과 마술을 넘어서는 것이다.

붓다의 정치철학 탐구

불교 정치철학의 체계화

- 현실에 대한 상황 규정
- 지향 가치와 이상사회
- 실천 방법과 전략

불교 정치철학을 도출하는 선결 작업으로 이데올로기에 대한 이해와 분석을 탐구하였다. 이데올로기의 구조적 특징으로 상황 규정, 지향 가치의 제시, 실천 방안 등 세 차원에서 살펴보았다. 이데올로기의 세 차원의 구조적 특징을 원용하여 붓다 정치철학의 특징을 체계화하면 많은 도움을 얻으리라 생각한다.

이와 함께 고려해야 할 문제는 불교 교리를 어떻게 현대 정치철학 용어로 치환시키느냐 하는 문제이다. 오늘날 정치철학의 중요 요소들인 자유, 평등, 정의 등을 붓다 다르마와 어떻게 관계를 맺느냐의 문제인 것이다. 이는 진제에 해당하는 내용을 어떻게 속제의 용어로 대체시키느냐이다.

붓다의 정치철학 탐구

1. 현실에 대한 상황 규정

이데올로기 구조의 첫 번째 요소가 '상황 규정'이다. 상황 규정은 현재의 인간 삶의 양식과 사회구조에 대한 비판이나 정치 상황에 대한 분석과 평가를 포함한다. 이러한 상황 규정은 이데올로기가 역사적 한계성을 벗어날 수 없음을 의미한다. 왜냐하면 상황은 늘 유동적이기 때문에 적절성을 보장하기 어려운 경우가 있다. 그럼에도 이데올로기의 출발점은 현실에 대한 상황 규정에서 출발한다. 그만큼 상황 규정은 도그마틱dogmatic하다고 할 수 있다. 불교 경전과 교리에 나타난 세상과 삶에 대한 상황 규정은 관점에 따라 다양하게 제시될 수 있다. 필자는 불교 정치철학의 체계화 틀에서 현실에 대한 상황 규정을 아래와 같이 네 가지 요소로 제시해 보았다. 그러나 이 네 가지 특성은 독립적이 아니라 서로 밀접하게 연결되고 상호의존하고 있음은 말할 것도 없다.

염세적 낙관주의

불교의 모든 종파에서 절대적으로 합의하고 있는 교의가 바로 네 가지 성스러운 진리, 사성제四聖諦이다. 붓다가 깨달음을 얻고 베나레스에서 처음 설한 설법이 바로 사성제로 알려져 있다. 불교의 초석인 사성제의 첫째가 바로 고성제苦聖諦이다. 이 세상의 삶이 고통이라는 것이다. 붓다가 말한 고苦는 도대체 무엇일까? 그 원인은 무엇일까? 불교의 출발은 바로 이 물음에서 출발한다. 상윳따 니까야 56.11, 여래의 말씀에서 설명하는 고성제의 내용을 살펴보자.

> 비구들이여, 고성제란 이런 것이다. 태어남은 괴롭다. 늙음은 괴롭다. 병은 괴롭다. 죽음은 괴롭다. 슬픔, 비탄, 고통, 근심, 불안은 괴롭다. 미워하는 사람의 만남은 괴롭다. 사랑하는 사람과의 이별은 괴롭다. 원하는 것을 얻지 못하는 것은 괴롭다. 간단히 말하면 오취온五取蘊은 괴롭다.

고성제의 핵심은 오취온, 바로 '다섯 개의 덩어리'이다. 색色, 수受, 상想, 행行, 식識 다섯 가지가 오온이고, 이 오온을 붙들고 있는 것이 오취온이다. 그런데 중생들은 오온이 무명에서 나온 망상이라는 것을 모르고 오온이라는 망상 덩어리를 자아로 알고 집착하기 때문에 괴로움을 겪으며 살아가고 있다는 것이다.

여기서 붓다는 고통은 무상하기 때문이라고 설명한다. 붓다는 인간을 구성하는 요소인 색, 수, 상, 행, 식 즉 오온이 무상하기 때문에 고苦라는 것이다. 오온의 무상은 무아로 연결된다. 무상과 무아는 보통의 사람들은 이해하기도 받아들이기 힘들고, 또한 엄청난 충격일 것이다.

서양 불교학자로 불교 이론에 포괄적이고 깊은 통찰력을 가진 것으로 알려진 콘즈E. Conze가 불교를 래디컬한 염세주의로 표현한 것은 어쩌면 당연한 것이다.[26] 무상과 무아는 경험적 자아를 구성하는 모든 것과 절연하는 것이기 때문이다. 또한 무상과 무아는 보통 사람들을 매우 불안하게 만든다. 고통과 불안은 어느 정도 동의어라고 할 수 있다. 그런데 콘즈는 당혹스러움을 표현한다. 왜냐하면 이 고통의 세상에서 수도승들은 염세적이고 우울한 모습이 아니라 활기 있고 밝은 모습을 지니고 있다는 것이다. 고통의 지구별에서 어째서 그런 표정으로 사는 것인가? 이에 필자는 '염세적 낙관주의'라는 단어를 쓰고 있다. 적절한 용어는 아니라는 느낌은 들지만 우선 사용하고자 한다. 그런데 왜 염세에다 낙관을 붙이는 것인가. 염세가 우리를 열반의 세계, 즉 행복한 삶으로 이끄는 첫 출발점이기 때문이다.

고성제를 이해하는 것은 크게 어려움이 없을 것이다. 삶을 살아가면서 우리는 다양한 고통과 부딪치기 때문이다. 그럼에도 우리의 마음속에는 고통을 거부하고자 하는 감정이 똬리를 틀고 있다. 인간은 삶의 밝은 면만을 보고 싶고 고통스럽고 꺼림칙한 것은 될수록 최소화하고 피하고 싶어 한다. 어떤 면에서 인간은 '바보들의 낙원'에서 살고 싶은 마음을 지녔다. 오늘날 긍정심리학이 큰 힘을 발휘하는 것도 이러한 이유라고 볼 수 있다. 우리의 뿌리 깊은 사고 습관에서 진정 '고'의 진리를 이해하는 것은 쉬운 일이 아니다.

---

26 E. 콘즈, 한형조 역《한글세대를 위한 불교》세계사, 1999, p.44.

고통은 열반의 세계로 가는 첫발이거늘 많은 사람은 고통을 회피하고 부정하고자 노력한다. 여기에 더 큰 고통이 뒤따른다. 여기서 고통의 알아차림이 매우 중요한 수행 과제로 등장한다. 고는 삶의 잘못된 길목에서 서성대는 우리를 지켜주는 나침반 역할을 하면서 정신세계를 확장하는 역할을 한다. 즉 고통을 통하여 기쁨과 깨달음을 얻을 수 있다. 그래서 고통을 성스러운 진리의 길고성제로 표현한 것이다. 고통을 통해 더 큰 해방의 길로 가기에 염세적 낙관주의로 표현할 수 있을 것이다. 콘즈는 미얀마나 티베트 같은 불교국의 승려와 재가 신도들이 자연스럽게 우러난 쾌활함과 활기찬 명랑함을 지니고 있는 것에 감탄하고 있다. 이것은 고성제가 우울한 삶을 살게 하는 눈물의 샘이 아니라 오히려 기쁨의 삶의 지혜로 기능하기 때문이라고 생각된다.

이러한 고성제가 주는 정치철학적 함의는 무엇인가? 매우 많다고 생각한다. 그중 중요한 것은 반反도그마적 역할이다. 정치 이론의 절대화나 정치체제의 완전성을 부정한다. 이는 전체주의를 부정하는 것이다. 고성제는 현실에 대한 비판 정신을 잃지 않는다. 따라서 이데올로기의 함정에 빠져 노예가 되는 일은 없을 것이다.

연기론적 세계관

불교 사상의 기본 핵심은 연기론에서 출발한다. 붓다가 보리수 아래 7년 동안의 사색에서 깨달은 것이 바로 연기론적 세계관이다. 붓다는 성령의 계시에 의해 움직이는 사람이 아니라, 치열한 사색과 명상을 통해 만물을 관찰하고 정연한 논리를 펴는 매우 현실적인 학자이고 교육자적 품성을 갖춘 분이다.

연기론적 세계관은 모든 존재가 상호의존적 관계라는 것이다. 너와 나 그리고 모든 그들은 상호 의존하여 생성되고 존재하고 멸하는 것이다. 인과론은 선형적 인과론에서 벗어난 것이기에 경험적인 인습의 관점에서 보면 매우 낯설어 보일 수 있다.

우리의 인식구조는 이원적으로 사물을 보는 데 익숙하고, 그리고 이러한 이원적 사유 틀은 우리의 뇌를 편안하게 한다. 주체와 객체, 나와 너, 선과 악 등 이분법적 사유 틀이 우리의 혼란을 정리해 주기 때문이다. 그런데 연기론은 이를 통합시키면서 연기적 질서를 제시한다. 연기론은 상대주의의 존재론이라 할 수 있다. 붓다는 존재하는 것은 모두 그럴 만한 조건이 있어서 생겨나는 것이며 조건이 없어지면 그 존재도 없어지게 된다고 가르친다. 즉 '말미암아 생긴 존재'라는 이론이다. 이러한 존재론은 절대적인 것, 영원한 것, 무조건적인 것을 받아들일 수 없다.

연기론을 설명하기 위한 도구로서 복합체계 이론을 소개했듯이, 연기법은 불교 사상의 출발점이다. 불교 공부를 시작할 때 처음 접하는 것이 바로 연기적 인과론이다.

붓다가 밝혀낸 경이롭고 위대한 사상인 연기법에 대한 나의 찬탄은 결코 오래된 것이 아니다. 현대 학문을 배우고 인과론적인 자연과학 방법론의 틀에 익숙한 사람이라면 누구나 연기론에 쉽게 친화력을 느낄 수 있을 것이다. 그럼에도 불구하고 불교 공부를 하면서 연기론의 큰 바다를 모르고 개울가에서 어슬렁거렸구나 하는 생각을 하게 되었다. 그렇다. 붓다의 제자 아난다도 연기법의 심심미묘甚深微妙함을 모르고 "너무 간단합니다."라고 했다가 꾸중을 들은 사례가 있지 않은가. 내가 바로 그 꾸중 들어 마땅한 아난다였다.

내가 연기법의 큰 뜻을 체감하기 시작한 것은 대학원 시절 '일반체계 이론general system theory'을 배우는 과정에서다. 일반체계 이론은 오늘날 '복합체계 이론'으로 확장되어 불린다. 복합체계 이론은 자연과학과 인문과학을 포괄하는 연구방법론으로서 큰 자리를 차지하고 있는 패러다임이다. 복합체계 이론의 대두는 비결정론적 세계관의 부상과 밀접한 관계가 있다. 특히 카오스 이론과 노벨화학상을 받은 프리고진Iliya Prigogine의 자기조직화 이론은 복잡계 과학의 이론적 토대로 대변되고 있다. 카오스 이론은 비가역적이고, 비결정론적이며, 혼돈적인 자연현상에서 질서를 찾는다. 프리고진의 사상은 흔히 '혼돈으로부터의 질서'라는 말로 대변된다. 프리고진의 저서《있음에서 됨으로From Being to Becoming》에서 '있음'의 세계는 기계론적이고 결정론적이며, '됨'의 세계는 진화론적, 유기체적, 비결정론적이다.

복합체계 이론을 보면 붓다의 연기론의 냄새가 물씬 난다는 것을 느낄 수 있다. 체계이론에 관한 원서들을 독해하는 과정에서 많은 체계이론 학자들이 붓다와 불교에 대해 매우 친화적이라는 사실을 알게 되었다. 이들 중에는 오랫동안 불교 수행을 하는 사람도 있고, 연기적 공동체를 구현하기 위한 실천 운동을 하는 분도 있다. 복합체계 이론의 핵심은 다음과 같이 표현할 수 있다. 즉 모든 실재와 현상은 무수한 구성 요소로 이루어진 한 덩어리의 집단으로, 각 요소가 다른 요소와 끊임없이 상호작용함으로써 전체적으로는 각 부분의 총화 이상으로 다이나믹한 자기조직력을 발휘하는 것을 의미한다.

복합체계 이론은 붓다의 연기론을 오늘날의 자연과학과 인문사회과학의 틀에 의해 재해석하고 적용한 것이라고 할 수 있다. 2,500년 전에 붓다는 어떻게 이런 생각을 할 수 있었을까? 복합체계 이론은 생물학, 물리학, 화학, 천문학 등 현대 자연과학의 발달을 통해 정립된 이 시기의 첨단 이론으로서 다양한 논증이 일고 있는 현재진행형의 이론이다. 아득한 시절 붓다는 수행 과정에서 깨달음으로 연기의 다르마를 발견했으니 이 얼마나 경이로운 일인가?

이러한 붓다의 연기법은 고정된 것이 아니라, 사회변화에 따라 계속 내용과 적용 대상이 확대되어 왔고 그 방법도 매우 정교해졌다. 연기론도 시대의 요구와 연기적 조건에 따라 다양한 모습으로 진화되어 온 것이다. 그러나 붓다 입멸 1,500년이 지난 후 연기론의 생동감이 사라졌다는 비판도 있다. 현응 스님은 《깨달음과 역사》 발간 25주년 기념 학술세미나에서 연기론의 화석화에 안타까움을 표시한 바 있다. AD 7세기 이후 오늘날까지 1,400년 동안 기존 연기론의 수준에만 머문 불교인들의 태만을 질책한 것이다. 그런데 박물관의 조각품처럼 형해화된 연기론이 21세기에 불교 이론이 아닌 복합체계 이론에서 새롭게 꽃을 피우고 있으니 얼마나 놀라운 일인가.

연기론을 복합체계 이론으로 분석하여 불교 사상의 특징을 분석하는 연구도 많아지고 있다. 체계이론의 틀에서 보면 우리의 자아라는 것은 주변 세계와 환경과의 상호작용에서 나타나는 에너지와 정보의 변형이다. 그래서 자아는 변하지 않는 개별체가 아니라 하나의 과정이다. 어빈 라슬로Ervin Laszlo라는 학자는 자신의 저서 *Introduction to Systems Philosophy*에서 생명 형태life-forms들이 생존하고, 적응하고, 상호 연결하는 능력을 키우면서 스스로를 조직하는 상황을 '열린 자연 시스템open natural system'이라고 규정하면서 모든 존재의 연기론적 관계성을 강조하고 있다. 즉 우리가 사는 이 세상을 연기의 광장으로 본 것이다.

연기의 광장은 울타리가 없는 광장이다. 실재는 역동적인 상호의존적 과정으로 나타난다. 모든 요인은 불변하거나 자율적인 요소나 본질이 아니라 상호인과적인 상호연결망 속에서 존속한다. 붓다의 연기론은 인과관계를 내재하는 어떤 힘의 기능이 아니라 관계의 기능으로 접근한다. 원인 없는 결과는 없다. 그러나 결과는 결코 예정된 것은 아니다. 왜냐하면 그 원인들은 다양하며 서로 영향을 주기 때문이다. 따라서 붓다의 연기론은 인과율을 안고 인과율을 뛰어넘는다. 나아가서 연기론은 인과율에 대한 논의를 양극화했던 결정론과 불확정이라는 입장 사이에서 중도를 제시했다. 중도의 길은 양극단의 이항대립을 넘어 더 깊고 더 먼 한가운데로 들어가는 길이다.

나는 지금도 연기적 인과론을 이해하는 것이 어렵다고 생각한다. 연기적 인과론을 공부하고 탐구할수록 그 심심미묘함에 현기증을 느낀다. 나는 붓다의 초전법륜에서 붓다의 깊은 고뇌를 느낀다. 붓다는 성도 후 옛 도반들에게 전법을 하기 위해 250km가 넘는 '바라나시'까지 간다. 당시의 교통 사정을 생각하면 엄청나게 먼 거리라 할 수 있다. 그 먼 곳까지 가는 것은 붓다의 다르마를 옛 도반들은 그래도 이해해 주지 않을까 하는 희망이 있었기 때문이리라. 다섯 도반에 대한 설법 과정은 45년의 긴 전법 과정에서 제일 치열했다고 생각한다. 대기설법이 아닌 직접 화법으로 설법한 유일한 법문이다. 붓다 자신은 탁발하지도 않고 도반이 차례로 탁발한 것을 먹으면서 연기론을 설득하였다. 며칠간의 설법과 토론 과정을 통해 도반들이 연기론을 이해하고 받아들였을 때 붓다는 얼마나 기뻐했던가. 아라한이 되었다고 표현할 정도로. 곧이어 55명의 제자를 얻게 되는데 이들도 단기간에 깨달음을 얻었다고 경전에 전한다. 이는 붓다의 첫 제자와 붓다 학당 1기 졸업생에 대한 예우에서 나온 것이 아닐까.

이러한 생각은 필자의 경험과 관련이 있다. 필자는 30여 년 이상 내가 '이해'한 것을 학생들에게 '이해'시키는 직업으로 살아왔다. 동시에 이해의 층위와 유형이 얼마나 다양한 것인가를 체감해 왔다. 이해했다고 생각했으나 나중에 아님을 알았고, 이해하지 못했는데 이해했다고 착각도 했다. 그래서 '이해'란 단어에 걸림이 많다. '이해'는 현재진행형의 행위이고 항상 새로운 해석이 따르지 않나 생각한다. 따라서 이해는 '지적 수행의 과정'이다.

붓다의 옛 다섯 도반들과 붓다 학당 55명의 1기생들은 연기법을 어떻게 이해했을지 궁금하다. 연기법에 대한 이해 자체가 매우 연기적이기 때문이다. 시대와 사회구조가 변하면서 후대의 붓다 제자들은 연기

제3장_불교 정치철학의 체계화

의 법을 다양하게 적용하여 설명해 왔다. 따라서 문화의 유형과 수준, 사회구조의 변화, 시대적 요구 사항 등 다양한 연기적 조건에 따라 연기법의 구체적 내용은 달라진다. 그런데 그 생기발랄한 연기론이 화석화되어 버렸다고 한다. 오늘의 불교는 이미 화석화된 연기론을 1,400여 년 동안 되새김질하고 있다고 하니 이는 붓다 다르마가 화석화되는 것과 같은 것이리라.

우리는 후기산업사회를 넘어 지식정보사회로 불리는 시대에 살고 있다. 삶의 양식과 사유의 패러다임도 급격하게 변하고 있다. 이 시대의 문제점을 진단하고 처방할 수 있는 이 시대의 연기법은 어디에서 찾아야 하는가? 연기론은 삶의 괴로움 문제를 해결하고자 출발하였는데, 오늘날 삶의 괴로움 영역은 개인의 차원을 넘어 지구촌 전체로 확대되고 유형도 매우 다양해지고 있다. 인간이 지구촌의 생명을 전멸시킬 수 있는 다량의 핵무기를 가지고 있는 데다, 자연이 파괴되고 생물종은 급격히 감소하고 있다. 또한 이념과 문화, 가치관의 갈등으로 인한 투쟁이 도처에서 횡행하고 있다.

이 시대의 연기법은 새로운 창발의 차원으로 나아가야 한다. 연기론의 현대적 변용이라고 볼 수 있는 복잡계 이론이 주는 시사점 중에서 제일 중요한 것은 세계를 설계하고 제어하는 것이 아니라 자기조직화를 촉진하는 것이다. 설계나 제어라는 발상은 마치 기계를 만들 때의 공학적 발상과 같은 것이다. 이와 달리 창발성은 자기조직화 프로세스의 중요성을 강조하는 것이다. 이것은 '공진화co-evolution' 현상과 맥락을 같이한다. 공진화란 각 요소나 주체가 서로 영향을 주고받으면서 진화해 나가는 과정을 말한다.

여기서 자기조직화를 촉진하는 것이 개체의 '공명共鳴'이다. 시스템 전체의 상태에 관한 정보가 모든 구성원에 전달되고 공유됨으로써 개체와 개체 간의 공명이 일어난다. 이러한 공명을 통해 작은 '요동fluc-tuation'이 일어나고 이 작은 요동이 큰 변화를 가져 오는 출발점이 된다. 이것은 카오스 이론의 '나비 효과'나 '갈매기 효과'와 같은 것이다.

세상을 연기법으로 체감하고 공감하는 것이 공명이고, 연기법의 틀에서 생활하고 실천하는 삶이 바로 요동이다. 그 요동이 바로 자비행이라고 본다. 이제 연기법이, 바람직한 21세기 사회 구현을 위해 지구촌이 새로운 자기조직화를 일으키는 데에 중요한 촉매 역할을 할 수 있어야 한다. 개인과 사회 변화의 변증법을 붓다의 연기법에서 새롭게 찾아야 할 것이다.

현실적 인식론과 실용주의

법은 세존에 의해 잘 설해졌나이다. 즉 이 법은 현실적으로 증험되는 성질의 것이며, 때를 격하지 않고 과보가 있는 성질의 것이며, 와서보라고 말할 수 있는 성질의 것이며, 열반에 잘 인도하는 성질의 것이며, 또 지혜 있는 이가 저마다 스스로 알 수 있는 성질의 것입니다.

— 상윳따 니까야 55: 1 왕. 한역본 잡아함경 30: 7 왕

위의 글은 여러 아함부 경전에 나올 정도로 당시에 이미 유형화된 문구로서 붓다의 가르침에 대해 제자나 신자들이 귀의를 고백하는 말이다. 이는 흔히 종교나 성인에게 귀의하는 내용과는 매우 다르다. 예수가 '나를 따르라'고 하자 열두 제자들이 따라나섰다. 그러나 붓다에 귀의하는 자들은 붓다의 설법에 대해 매우 까다롭게 따지고 묻고, 그것이 합당한지를 깊게 숙고한 후에 결정한 것이다. 위의 내용은 붓다의 설법 내용의 특징이 다섯 가지로 정리되어 있다.

여기서 붓다가 지향하는 것이 보통 종교가 내세우는 미래의 복지가 아니라 '지금, 여기'에 있다는 것이 여실하게 나타난다. 그리고 붓다의 가르침은 지혜 있는 사람은 알 수 있는 자각의 종교라 할 수 있다. 물론 후대에 와서 정토종 등 구제의 성격이 등장하기도 했지만, 불교의 원형은 자각의 종교라고 할 수 있다.

붓다의 가르침은 매우 현실적이며 또한 개방적이다. 따라서 불교는 지극히 실천적이고 실용주의적인 종교이다. '독화살의 비유'라는 유명한 일화가 있다. '말룽끼야뿟따'라는 이론을 좋아하는 청년에 대한 이야기다. 그는 붓다에게 우주의 시초나 사후의 세계 등에 대답을 듣기 전에는 수행하지 않겠다고 하였다. 이에 붓다는 독화살을 비유로 들어 설명하였다. '독화살에 맞은 사람이 있다고 가정하자. 화살을 쏜 사람이 누구인지 모른다 하여 화살을 뽑아내기를 거부하는 사람은 없을 것이다. 무엇보다 우선 화살을 뽑고 독을 제거하여야 한다.' 이처럼 붓다가 제자들에게 베푼 가르침은 매우 실천적이고 실용적인 것이다. 이러한 사례는 불교 경전에서 무수하게 나타난다.

붓다의 정치철학 탐구

이러한 붓다의 실용주의적인 특징은 그의 대기설법對機說法에서 여실히 나타난다. 대기설법은 환자에 따라 약 처방이 다르듯 대상에 따라 적절한 가르침을 전하는 것이다. 붓다는 최초의 설법인 초전법륜初轉法輪을 제외하곤 45년에 걸친 설법 모두가 대기설법이었다. 초전법륜은 옛 도반들을 설득하는 논쟁적 성격의 설법이었다. 그 후의 설법들은 항상 문제와 사람, 장소에 따라 자유롭게 이야기하고 가르쳤던 것이다.

초기 불전에 나타나는 붓다의 가르침은 매우 알기 쉽다. 붓다는 자신이 체험한 깨달음을 누구나 실천할 수 있는 생활 방법을 예로 들어 구체적으로 설하였다. 갠지스강의 언덕에서 차안과 피안을 설하고, 붉은 광야의 노을을 보면서 욕망의 불꽃을 끄는 열반을 이야기하였다. 붓다의 가르침은 결코 주입식 교육으로 이루어지지 않았다. 붓다의 교육방법론은 현장 체험 학습적 성격이 강하고 토론 수업의 성격을 띠고 있었다. 그리고 스스로 답을 찾고 스스로 체험할 수 있도록 유도하였다. 나는 불교의 진면목은 이러한 현장 체험적이고 문답식 토론 과정에서 그 맛을 느낄 수 있다고 본다.

또한 붓다는 모든 사람에게 차별 없이 불법을 전했다. 바라문 계통의 종교인과 사상가들의 관행과는 다르다. 그들은 자식이나 특정한 제자들에게 은밀하게 가르침을 전했다. 차별 없이 누구에게나 개방된 설법은 당시 인도 종교의 현실을 볼 때 매우 특이한 것이었다.

중도와 개방성

불교의 사상적 특징을 한마디로 표현하면 그것은 중도이다. 중도 사상은 초기불교와 대승불교를 관통하는 불교의 핵심 사상이다. 중도는 초기불교 경전인 아함경과 니까야에 크게 두 가지 형태로 나타난다. 하나는 팔정도로 대변되는 실천수행으로서 중도이고, 다른 하나는 12연기로 대변되는 철학 체계로서 중도이다. 이와 같이 붓다의 중도 사상은 이론과 실천이라는 두 가지 측면의 중도가 하나의 사상체계를 형성하고 있다.[27]

초기불교에서는 여러 사례를 들어 극단을 떠난 중도에 대해 강조하고 있다. '모든 것은 존재한다'는 한 극단과 '모든 것은 존재하지 않는다는 한 극단' 즉 단斷과 상常의 중도가 대표적이다. '거문고 줄'의 비유로 중도를 설명하기도 한다. 붓다는 수행의 조급증으로 고뇌하는 제자 소나Sona 비구에게 거문고 줄이 너무 팽팽하거나 너무 느슨해도 제소리가 나지 않는 비유를 들어 균형 잡힌 수행의 중도 길을 제시하고 있다. 중도의 구체적인 실천의 길이 바로 팔정도八正道이다.

이렇게 중도는 붓다의 핵심 가르침 중의 하나이다. 이중표 교수는 붓다의 침묵, 즉 무기無記의 의미를 밝히며 중도 사상의 특징을 살피고 있다. 그는 다섯 형태의 중도, 즉 고락중도苦樂中道, 자작타작중도自作他作中道, 단상중도斷常中道, 일이중도一異中道, 유무중도有無中道를 제시하

---

27 이중표《붓다의 철학》불광출판사, 20018, p. 23.

붓다의 정치철학 탐구

고 있다.[28]

불교의 개방성은 이러한 중도의 지혜에서 나온 것이다. 중도란 무엇인가? 중도는 중간도 아니고 중용도 아니다. 중도는 유무를 떠나고 진위와 선악 등 모든 이항 대립을 초극하라는 가르침이다. 이것은 서구의 사유 방법과는 판이하다. 진위를 정확히 판단하고 분별하려는 서구의 논리학적 사유 방법과는 다르게 양극단이 서로 뒤섞여 중첩되기도 하고, 서로 반대의 것으로 바뀌기도 하는 사유의 방법이다. 극단의 중간을 넘어 극단을 넘나들며 해체하는 횡단의 사유이다.

중도에 대한 가르침은 양극단에 대한 집착을 버리라는 것이다. 양극단은 항상 서로를 의지하면서 존재한다. 즉 선과 악, 밝음과 어둠, 동과 서 등 무수한 현상들이 서로 쌍을 이루면서 존재한다. 그러나 우리는 이들을 서로 대립되고 반대되는 것으로 이해한다. 지혜로운 사람은 이들 쌍의 상호의존적 속성을 이해하고, 어둠 속에서 밝음을 보고 선을 보면서 악을 본다. 극단을 피하고 집착을 피할 수 있는 길은 양극단을 동시에 함께 보는 것이다. 즉 '잠자리 눈'으로 세상을 보는 것이다. 순수한 상대성에서 진정한 절대성이 나온다.

---

28 이중표, 위의 책, pp.83-97.

제3장_불교 정치철학의 체계화

2. 지향 가치와 이상사회

이데올로기의 구조에서 두 번째 요소가 '지향 가치의 제시'이다. 지향 가치라 함은 이데올로기가 지닌 유토피아적 요소를 포함한다. 무엇이 좋은 것이며, 무엇이 정의이며 향유할 가치가 무엇인지 포함된다. 이데올로기는 지향 가치를 통해 신봉자에게 현상 그대로뿐만 아니라 당위적인 세계상을 제시한다. 그렇게 함으로써 복잡한 세계를 아주 단순하게 이해하기 쉬운 것으로 조직화한다고 할 수 있다. 붓다 다르마의 최고의 가치는 열반이다. 이 열반은 지혜와 자비에서 나온다. 이것을 정치철학적 용어로 치환하여 지향 가치를 다섯 항목으로 나누어 제시해 보고자 한다. 물론 이 다섯 가지 지향 가치들은 독립적인 것이 아니라 상관상의적인 것이다.

대자유인 지향

대자유인을 첫 지향 가치로 내세운 이유는 무엇인가? 자유인에 왜 대大라는 수식어를 붙였는가? 필자도 선뜻 대답하지 못한다. 대자유인이라는 용어는 붓다 다르마를 익히면서 자연스럽게 나온 직관적인 용어일 수도 있다. 대자유라는 용어는 붓다가 설한 '열반'과 '해탈'에서 우러난 용어이다. 열반과 해탈은 어떻게 구분되든 불교가 지향하는 최고의 가치이다. 열반을 빨리어로 닙바나nibbāna, 산스끄리뜨어로 니르바나nirvāṇa라고 한다. '번뇌의 불이 꺼진 상태'를 의미한다. 즉 열반이란 모든 번뇌가 소멸된 이상적인 상황을 의미하는 것이다. 열반의 의미가 변하여 수행자의 죽음과 동의어로 쓰이기도 하지만 열반의 근원적인 의미는 수행의 완성을 의미한다.

필자는 열반보다는 해탈이라는 용어가 붓다의 정치철학을 도출하는 용어로서 더 적합하다고 생각한다. 해탈은 빨리어로 parimuccati, 산스끄리뜨어로 muktamokṣa로 해방의 뜻을 공유하고 있다. 고통에서 벗어나고, 속박에서 벗어나고, 방황으로부터 벗어나는 것을 의미한다. 궁극적으로 열반과 동일하게 사용할 수 있겠으나 속제의 용어로 전환시키기에는 해탈이라는 용어를 선택하는 것이 편하다고 생각한다. 해탈이란 구속에서 벗어나는 것이다. 우리를 구속하고 있는 것은 무엇인가? 바로 탐貪 진瞋 치癡 삼독三毒이다. 즉 탐욕과 분노 그리고 어리석음이라는 삼독이 우리를 무명의 세계에 빠지게 하는 것이다. 이러한 탐·진·치의 행태는 어느 분야보다도 정치적 영역에서 많이 찾을 수 있다. 이와 함께 무명의 정치에서 밝은 정치를 어떻게 구현할 것인가에 대한 과제가 도출될 것이다.

*Buddhism: The Religion of Analysis*라는 저서를 쓴 제이콥슨N.P. Jacobson은 붓다를 '해방자' 또는 '반항자'로 규정짓는다. 프로메테우스

처럼 붓다를 인류의 위대한 해방자 중 한 사람으로 보는 것이다. 붓다는 인간의 현실 생활을 참을 수 없는 속박이라고 본다. 인간과 모든 생명체가 자신을 마비시키는 내적 갈등과 혼란스러운 적개심의 원인인 강렬한 욕구와 욕망에 사로잡혀 있다고 본다. 붓다가 이에서 벗어나는 길을 제시한 것이다. 붓다는 또한 반항자다. 그는 《베다veda》나 브라흐만 사제나 카스트 제도 등의 권위나 신비함을 부정하였다. 붓다는 당시 인도의 종교가 저지르는 잘못을 폭로하면서 신성한 의식이나 신화가 지니는 허구를 비난하였다. 나아가 속박과 혼란에서 해방될 수 있는 길을 제시하였다.[29] 바로 이것이 대자유인의 길일 것이다.

행복한 삶의 실천

붓다 가르침의 중요 목표는 '행복한 삶'을 추구하는 데 있다고 본다. 행복이라는 단어는 일상적으로 제일 많이 사용되는 말이지만 또한 제일 애매한 용어이기도 하다. 매우 다양하게 사용되어 그 개념을 정의하기가 어렵다. 예를 들면 1985년판 《펭귄 심리학사전Penguin Dictionary of Psychology》은 아무런 해명도 없이 'happiness'를 수록하지 않고 있다. 행복을 정의하는 데 어려운 점은 우리 모두가 행복이 무엇인지 직관적으로 알고 있으며 너무 자명한 것이므로 정의가 필요치 않다는 것이다.

---

29 N.P. Jacobson, 주민황 역 《해방자 붓다, 반항자 붓다》 민족사, 1989, pp. 17-19.

붓다의 정치철학 탐구

행복의 개념이 불확실하다고 해서 그 개념이 가지고 있는 가치까지 부정될 수 없다. 행복 연구에 많은 관심이 있는 학자들은 행복을 행복과 관련된 모든 구체적인 사례가 마치 한 식구처럼 서로 연관된 개념이라고 보고 있다. 행복의 개념은 강조점에 따라 다양하게 범주화할 수 있는데 주관주의, 객관주의, 절충주의 등으로 유형화하기도 하고, '상태로서의 행복' '활동으로서의 행복' 그리고 '관계로서의 행복'으로 유형화하기도 한다.

필자는 행복을 세 가지 유형으로 나누어 붓다의 가르침과 연결시켜 보고자 한다. 즉 '생존적 행복' '관계적 행복' 그리고 '실존적 행복'으로 나누어 살피고자 한다.[30]

첫 번째 '생존적 행복'은 생존적 요구가 충족되었을 때 느끼는 만족감이라 할 수 있다. 인간의 삶을 생물학적 측면에서 볼 때 인간은 생물적 욕구가 충족되지 않으면 생명을 유지할 수가 없다. 생존적 욕구는 식욕, 수면욕, 성욕, 유희적 요구, 신체적 운동의 욕구 등 동물과 함께 가지고 있는 본능적 욕구라 할 수 있다. 이러한 생존적 욕구의 본능은 쾌락으로 볼 수 있다. 쾌락은 부단히 자극을 요하는 신경생리적 조직의 자극 욕구가 채워지지 않는 데서 생기는 긴장이 제거됨으로써 주어지는 만족감이다. 이러한 만족감은 '신경생리적 경제 원리'의 기제에 의해서 어떤 한계를 넘으면 얼마 안 가서 자극 효과의 자극력이 상실된다. 이러한 자극력이 반복되면서 더 큰 자극을 요구하게 된다. 쾌락

---

30 방영준《공동체 생명 가치》pp.81-87.

이 가지고 있는 이와 같은 특징은 쾌락이 인간의 행복을 위해서 할 수 있는 역할의 한계를 말해 준다.

현대사회는 계속 쾌락의 자극을 확대시킴으로써 인간을 쾌락의 노예로 만들고 있다. 여기서 붓다의 가르침과 불교의 욕망론에 관한 중요성이 제기된다. 생존적 행복은 욕망을 관리하는 지혜가 없으면 결코 이루어질 수 없다. 붓다의 가르침은 욕망의 지혜를 기르는 데 많은 부분을 할애하고 있다. 상윳따 니까야의 《갈애의경》1: 63 '갈애渴愛'에 욕망의 무서움을 다음과 같이 설하고 있다.

세상은 갈애로 말미암아 인도되고
갈애로 말미암아 괴로움을 받는다.
갈애야말로
모든 것을 예속시킨다.

붓다의 네 가지 성제, 즉 사성제에는 욕망이란 말은 나오지 않는다. 갈애라는 단어가 욕망을 대체한다. 갈애는 '목마름'을 뜻하는 말이다. 붓다가 욕망이란 용어 대신에 갈애를 택한 것은 무엇을 의미하는 것인가? 그것은 붓다가 욕망 자체를 부정하는 사람이 아님을 말해 준다고 할 수 있다. 욕망 자체는 붓다의 무기無記에 해당한다. 무기는 선악을 가리기 이전의 상태라는 말이다. 식욕 등 본능적 욕구에서 나오는 욕망은 자연스러운 것이다. 문제는 이러한 욕망을 관리하는 지혜이다. 갈애는 지나친 욕망이라고 할 수 있다. 갈애를 없애고 관리하는 것이

멸성제, 즉 '고의 소멸'이다. 고의 소멸은 열반의 길로 가는 고귀한 길이다. 열반은 비할 데 없는 큰 행복을 준다. 그러나 이것은 결코 쉬운 일이 아니다. 갈애가 채워지기 어려운 것은 '바다가 강물을 삼키는 것과 같다'라고 한다. 보통 우리는 일상에서의 행복을 그린다. 욕망의 소멸은 불가능할지도 모른다. 욕망은 분모의 성격을 지니고 있다. 분모가 적으면 전체는 커진다. 욕망을 줄이는 것은 분모를 줄이는 것이고 동시에 행복의 양은 커진다. 여기서 '채움'보다는 '비움'을 통한 행복의 길이 제시된다.

두 번째 행복 유형은 '관계적 행복'이다. 인간이 구체적 삶을 살아가면서 다양한 관계를 맺고 있으며, 이것이 차지하는 행복의 비중도 매우 크다. 즉 가족 간의 관계, 친구 간의 관계, 직장 동료 간의 관계, 남녀 간의 애정 관계, 개인과 조직체 간의 관계 등이 인간의 행복에서 차지하는 비율은 매우 높을 것이다. 관계적 행복과 제일 밀접한 관련을 맺는 것이 '덕德의 윤리'이다. 덕 윤리는 인간이 살아오면서 가장 오래되고 친숙한 윤리 자체라 할 수 있다. 인간은 가정에서부터 시작하여 다양한 형태의 공동체 속에서 살아왔고, 그러한 공동체 속의 삶을 영위할 수 있는 능력과 지혜가 바로 덕이다.

공자와 아리스토텔레스가 제시한 덕목들은 거의가 관계의 덕목이다. 오늘날 '행복 만들기' 또는 '행복 지수 높이기' 등을 다룬 책이 유행하는데, 제일 많이 차지하고 있는 내용이 관계의 지혜에 관한 것이다. 불교에서 '관계의 윤리'와 '관계적 행복'의 당위는 연기론과 무아 사상에서 자연스럽게 도출된다.

무아의 개념은 '나'와 '나의 삶'이 타인과의 연계성 속에서 드러난다는 것을 함축한다. 따라서 나라는 존재의 존엄성은 타인에 대한 존엄성을 인정하는 데서 출발한다. 나라는 존재의 유지와 발전은 타인과의 상호적이고 보완적인 관계를 떠나서는 불가능하다. 이러한 연기론적 존재의 모습은 결코 형이상학적인 것이 아니라 매일매일의 일상생활 속에서 나타나는 것이다.

붓다의 연기법에서 생성된 윤리를 조애나 메이시Joanna Macy는 그의 저서 《불교와 일반 시스템이론Mutual Causality in Buddhism & Gene-ral Systems Theory》에서 '상호윤리Mutual Ethics'라고 표현하고 있다. 상호윤리는 모든 존재와 현상을 의존적 상호 발생으로 보고 출발한다. 자아는 자신이 경험하는 세계와 경험을 해석하는 코드 사이의 상호작용으로 형성된다. 따라서 상호윤리의 규범과 가치들은 개인적인 행복과 사회적인 변화 사이에 깊은 상호의존관계가 있음을 말한다. 이에 상호윤리는 다른 존재에 대한 깊은 배려 속에서 자기의 이익을 확장하는 것이다.

마지막으로 '실존적 행복'과 붓다의 가르침과의 관계이다. 실존적 행복은 실존적 욕구에서 오는 행복이다. 실존적 욕구는 가치의 위계질서를 주장하는 학자들에 의해 제일 높은 가치로 분류되는 것들이다. 실존으로서 삶은 인간에게 고유한 독자적인 정신적 가능성을 실현하는 삶이다. 즉 이성적 욕구, 심미적 욕구, 사랑의 욕구, 자유의 욕구, 창조적 욕구, 종교적 욕구 등이 실존적 욕구의 충족을 추구하고 실현하는 것이다. 이러한 실존적 욕구를 지향하는 가치는 지속성이 높고, 비분할적이며, 다른 가치로부터 독립성이 높고, 또한 가치 감정의 만족이 매우 깊으므로 높은 가치로 평가된다.

이러한 실존적 행복을 추구하는 철학자와 성직자는 수없이 많다. 아리스토텔레스가 말한 '에우다이모니아eudaimonia'도 실존적 용어와 연관된 용어이다. 또한 중세의 많은 철학자와 성직자들은 신에 대한 믿음과 헌신을 진정한 행복으로 보았다. 폴 틸리히Paul Tillich는 최고의 행복을 'blessedness' 즉 신의 축복으로 보고 있다. 반면에 불교는 스스로의 힘으로 열반과 해탈을 통해 최고의 행복에 도달할 수 있다고 말한다. 즉 팔정도를 통해 탐욕, 분노, 어리석음에서 벗어나는 해탈을 설파하고 있다.

오늘날 현대 문명의 위기를 개탄하는 많은 철학자는 실존적 욕구의 상실 또는 약화를 이야기하고 있다. 나아가 정신적 부흥과 새로운 종교개혁을 주장하기도 하고, 교육의 문제점을 제기하기도 한다. 필자는 실존적 행복의 높이에 현기증을 느끼기도 한다. 행복은 사소한 일상성 속에서 순간적으로 오는 경우도 많으며, 그 순간을 중히 여기면서 사는 것이 보통 사람들의 삶이 아닌가 하는 생각이 들기 때문이다. 그런데 불교 경전에 나타난 수많은 내용을 보면 붓다의 행복관은 생존적 행복, 관계적 행복, 실존적 행복을 다 함께 중히 여기고 있다. 이를 중도적 행복관이라고 표현할 수 있겠다.

중아함《상가라경傷歌邏經》의 내용을 보면 행복으로 가는 불교의 책무가 잘 나타나 있다.[31] 붓다가 사밧티의 기원정사에 계실 때 상가바라

---

31 홍사성《한 권으로 읽는 아함경》불교시대사, 2011, pp. 118-119.

제3장_불교 정치철학의 체계화

라는 바라문 청년이 수행자는 '혼자만의 행복'을 추구하는 것이 아니냐
고 질문하자 붓다는 이렇게 답한다.

"……그리하여 그들도 번뇌를 멸진시키고 마음의 평화로움을 얻었
다. 그리고 다시 그들은 다른 사람을 위해 가르침을 펴고, 그 가르침을
받은 사람은 다시 다른 사람을 위해 가르침을 펴서 그 숫자가 수천수만
에 이르렀다. 나와 나의 제자들은 이와 같은 길을 간다면 이를 혼자만
의 행복을 위한 길을 간다고 하겠느냐, 만인을 위한 행복의 길을 간다
고 하겠느냐?"

상가바라는 이 질문에 '만인을 위한 행복의 길'이라 답한다. 오늘날
한국불교의 수행자들은 이 질문에 자신 있게 대답할 수 있을까?

자비 공동체 구현

붓다의 연기법과 무아 사상에서 불교의 자비 사상이 자연스럽게 우
러나온다. 이 모든 존재는 시방삼세 존재자들의 상호적인 관계에서 나
온 선물이다. 따라서 연기에 대한 깨달음은 자신의 존재와 삶이 우주
적 연쇄의 존재가 주는 선물임을 깨닫고 다른 존재에 대해 깊은 감사
를 표하는 것이다. 이렇게 자비는 우리 자신의 삶에 대해 느끼는 사랑
을 다른 형태의 모든 존재에 확장하는 것을 의미한다. 라슬로의 '자연

시스템에 대한 존경reverence for natural system'과 마찬가지로 자비는 다른 인간뿐만 아니라 다른 모든 존재에 열려 있다. 이런 우주적인 자비 구현의 모습은 초기불교의 《본생경本生經》에서부터 대승불교의 보살 정신에 이르기까지 광범위하고 촘촘하게 표현되고 있다. 자비 구현은 이론과 관념으로는 어렵지 않게 그려볼 수 있을 것이다. 그러나 자비를 실천한다는 것은 결코 쉽지 않다. 궁극적으로 자비 없는 깨달음은 없으며, 자비 없는 불교는 없다고 본다.

한국불교계에서는 깨달음이 무엇인가에 대해 많은 논쟁이 있다. 깨달음에 대한 논의는 많은 경에도 나타나고 있다. 필자는 여러 경전의 내용을 참고하면서 깨달음을 세 단계로 나누어 보고자 한다. 즉 1단계 인지적認知的 깨달음, 2단계 수행적修行的 깨달음, 3단계 전일적全一的 깨달음으로 유형화해 보았다.

1단계 인지적 깨달음은 붓다의 핵심사상, 즉 연기법과 무아와 공空 사상을 이해하고 공감하는 깨달음의 첫걸음이다. 2단계 수행적 깨달음은 머리로 이해하는 수준을 넘어 가슴으로 품고 느끼면서 자비를 실천하고자 하는 강한 욕구와 의지를 행동으로 연결해 가는 단계이다. 우리가 이 세상에서 실천해야 할 것이 바로 2단계의 수행적 깨달음이라고 생각한다. 수행적 깨달음은 자비의 나무가 잘 자랄 수 있도록 비료를 주고 가꾸면서 꽃을 피우고 열매를 맺을 수 있도록 노력하는 단계이다. 자비 실천의 수행이 바로 열반으로 가는 길이며, 이것이 '탐·진·치' 삼독을 녹이고 없애는 길이다. 아무리 선정의 수준이 높다 하더라도 삼독을 녹여내지 못하면 사상누각에 불과하리라. 이 자비 수행은 당연히 바로 여기의 생활 마당에서 일상적으로 이루어져야 한다. 마지막 3단계 전일적 깨달음은 열반의 경지에 이른 깨달음이다. 이 단계는 탐·진·치에서 해방되어 대자유인으로서 높고 깊고 넓은 무량자비심을 발하는 단계이다. 이것이 바로 '아뇩다라삼먁삼보리' 즉 '무상정등정각無上正等正覺'의 경지라고 할 수 있다.

여기서 유의해야 할 점이 있다. 3단계의 전일적 깨달음을 보통 불자들에게 깨달음의 표상으로 제시한다면, 신비적이고 초월적인 무엇으로 보일 수 있다. 동시에 불교가 현실과 거리가 먼 사념적인 종교로 평가받을 위험성이 있다. 직관적인 사유의 성격인 선불교에서 그 위험성은 더 크다고 할 수 있을 것이다. 오늘날 한국불교가 겪는 깨달음의 논쟁도 이와 밀접한 관계가 있다고 본다. 필자는 우리가 불자로서 바로 살아가는 것은 바로 2단계 깨달음, 즉 자비를 실천하는 수행적 깨달음이라고 본다.

오늘날 지구촌에서 일어나는 사건과 현상들은 일일이 열거할 수 없을 만큼 아수라장을 연출하고 있다고 해도 과언이 아니다. 개인의 도덕성 회복에서부터 사회구조의 개혁에 이르기까지 목청을 돋우고 있으나, 마치 찢어진 거미줄을 손가락으로 수리하려는 것과 같은 절망감이 든다. 공동체 붕괴, 종교와 인종의 갈등, 사회 양극화 등 사회문제에서부터 생태계의 교란과 파괴, 핵무기의 확산 등에 이르기까지 인류의 생존과 지구별의 위기가 구체적으로 다가오고 있다.

이러한 지구촌의 혼돈과 갈등 상황은 인간이 탐진치의 늪에서 헤어나지 못하기 때문이다. 여기에 불교의 역할과 기능이 자명해진다. 붓다 가르침의 목적은 모든 존재가 행복한 삶을 누리게 하고, 행복하게 살 수 있는 터전, 즉 '정토'를 만드는 것이다. 상구보리를 통해 지극한 행복을 얻고, 하화중생을 통해 바른 정토를 만드는 것이리라.

붓다의 자비 정신을 윤리 이론으로 정립한 프랑스 철학자 레비나스Emmanuel Levinas는 타자의 존재 자체를 '윤리'라고 생각한다. 타자 덕분에 나라는 존재가 성립한다고 보면서 '타자 윤리학'을 주장한다. 그의 타자 개념은 자기중심적으로 사물을 바라보는 현대인에게 자아 중심이 아닌 타인 중심의 시각으로 생각할 것을 제안했다. 붓다의 연기론에서 나온 자비 정신을 그대로 재현한 윤리 이론이다.

이렇듯 불교는 자비라는 큰 그릇을 가지고 있다. 그런데 그처럼 큰 그릇을 가지고 있으면서도 강물을 뜰 생각은 안 하고 그릇 자랑만 하고 있지는 않은지 안타까운 마음이 든다. 이제 자비의 규범적 명제를 강조할 것이 아니라 우리의 구체적 현실에 어떻게 적응시킬 것인가에 대한 진지하고 치열한 성찰이 필요하다.

불교의 실천윤리로서 보살행은 가장 핵심적인 요소이다. 특히 대승불교에서는 더욱 그러하다. 그러나 한국불교는 상구보리를 먼저 구하고 하화중생의 보살행을 뒤로 미루지 않았나 생각된다. 한국불교에서 깨달음을 얻은 고승들은 많은데 왜 큰 보살행을 실천한 스님들은 많지 않은가? 마더 테레사 같은 사랑의 실천자를 불교에서는 왜 찾아볼 수 없는가? 이에 대한 깊은 반성과 자기 성찰이 있어야 한다고 생각한다.

자비의 구현은 공감과 연민의 마음과 함께 '지혜'의 힘도 필요하다. 이 지혜의 힘은 인문사회과학과 자연과학까지 포함하는 종합 학문적 식견으로 연결되는 것이다. 즉 현대사회에서 작동할 자비의 역할과 기능이 무엇인가에 대한 통섭적인 접근이 필요하다. 자비라는 중심 가치를 두고 이를 실천할 수 있는 가치 위계에 대한 틀을 마련하고, 이를 삶의 현장에서 구체적으로 실천할 수 있는 정교한 이론과 체계가 구축되어야 한다. 이를 바탕으로 개인윤리적 차원에서 사회윤리적 차원에 이르기까지 자비의 구체화 작업과 운동이 일어나야 할 것이다. '자비 정의론' '자비 교육론' '자비 윤리론' '자비 정치론' '자비 복지론' 등 자비의 큰 그릇으로 연구하고 실천할 과제가 너무나 많다.

깨달음에서 자비가 나오고, 자비에서 깨달음이 나온다. 그래서 반야와 자비, 상구보리와 하화중생, 자아 완성과 정토 건설은 함께 굴러가는 바퀴가 아닌가. 깨달음만 강조되고 자비가 경시되는 불교는 없다. 오히려 한국불교의 현실에서는 깨달음보다는 자비가 강조되어야 한다. 불교가 현대사회와 인간 삶의 현장에서 생동감 있고 효율적 역할을 하기 위해서는 자비 실천에 대한 구체적인 방안에 대한 진지한 연구가 필요하다. 근래에 '지구촌공생회' 등을 중심으로 자비를 국내외적으로 실천하는 다양한 운동이 일어나고 있어 자비 불교의 앞날에 빛이 보인다.

붓다는 고해에서 허우적거리는 중생을 위해 수행의 길을 걸었고 전법의 길을 걸었다. 붓다의 긴 여정은 대자대비의 길이다. 자비 없는 깨달음은 없다. 자비 없는 수행은 없다. 그래서 자비 없는 불교는 없다. 필자는 초등학교 시절부터 관음주력을 해왔다. 이제 기복의 단계를 넘어 "나도 부처님처럼 되게 해 주세요." 하며 자비 수행의 관음기도를

붓다의 정치철학 탐구

해야겠다. 기복을 넘어 복을 짓는 작복의 관음 염송을 해야겠다. 그 기도로 나의 아뢰야식에 웅크리고 있는 업장을 녹이고, 이를 회향回向하여 타자의 업을 녹이고, 그러면 우리 모두 행복해질 것이다. 이렇게 한다면 부처님의 가피를 받을 것은 분명하리라.

얼마 전 TV에서 방영된 다큐멘터리 〈차마고도〉에서 오체투지하며 라싸의 성지를 찾아가는 순례자들이 '지구의 모든 존재의 행복을 위해' 기도한다는 소리를 듣고 얼마나 부끄러웠는지. 이것이 바로 붓다 다르마를 실천하는 자비 수행일 것이다.

연기의 중정정치中正政治 구현

붓다의 연기법을 정치에 적용한 정치는 구체적으로 어떤 정치일까? 만약 붓다가 전륜성왕이 되었다면 어떤 정치를 펼쳤을까? 아마도 '중정정치'를 하지 않았을까 생각해 본다. 그럼 중정정치란 무엇을 의미하는가? 의미를 찾기 전에 중정中正이란 용어부터 살펴보자. 필자가 중정이란 용어를 사용한 것은 중도中道와 정의正義의 결합어로 사용한 것이다. 필자는 이 글을 쓰기 오래전부터 중정정치라는 용어에 매력을 느꼈고, 나름대로 중정정치로 표현할 수 있는 자료나 예를 찾고자 관심을 가져 왔다. 그러다가 미국의 에릭 리우Erich Liu와 닉 하나우어Nick Hanauer가 공저한《민주주의 정원The Gardens of Democracy》에서 중정정치의 틀을 발견했다. 이 저서는 미국의 정치를 분석, 비판하면서 새로

제3장_불교 정치철학의 체계화

운 정치 모델을 제시한 것이다. 그 모델은 복합체계 이론을 원용하여 제시한 것이다. 이 책은 근래에 국내에 번역 출판되었다.[32] 불교 사상과 특히 연기법과 복합체계 이론의 유사성을 강조하고 있다.

복합체계 이론을 적용하여 새로운 정치 패러다임을 제시하는 이 책은, 세계는 평형상태를 유지하는 1차원적인 시스템이 아니며, 세계를 구성하는 요소들은 서로 단절된 것이 아니라 네트워크로 엮여 있다고 본다. 이러한 시스템 안에서 사람은 이성적이고 이기적이며 정확히 계산하는 기계가 아닌, 감정적이고 상호적이며 어림잡으며 살아가는 존재로서 작용한다. 저자는 세계가 지금까지 긴 세월 동안 '기계형 지성machine brain'이라 불리는 시각과 사고방식에 갇혀 있다고 가정한다. 그리고 새로운 공적 사고의 틀, 즉 '정원형 지성garden brain'이 필요한 때가 왔음을 강조한다. 이 정원형 지성은 복합체계 이론에서 원용한 틀이다.

기계형 지성은 이 세계와 민주주의를 시계의 톱니바퀴, 영구운동기관, 균형과 평형력 등으로 설명 가능한 일련의 기계장치로 본다. 반면에 정원형 지성은 이 세계와 민주주의를 얽히고설킨 하나의 생태계로 본다. 따라서 불안정성과 예측 불가능성을 지녔다는 가정하에, 계속 씨를 뿌리고 비료를 주며 김을 매어야 하는, 끊임없이 변화하는 시스템을 기대한다. 즉 구성원은 각자가 정원사가 되는 것이다. 정원사가 된다는 것은 '그대로 자연에 맡기는 것'이 아니라 '돌봐야 한다'는 의미이다.

정원형 지성은 사람을 역동적인 세계를 구성하는 독립적인 창조자

---

32 에릭 리우·닉 하나우어, 김문주 역 《민주주의의 정원》 웅진지식하우스, 2016 참조.

로 본다. 우리의 감정은 서로에게 영향을 주며, 개인적인 선택이 모여 대중적인 양식을 이루되, 계획할 수 있으나 결코 통제할 수 없는 흐름이 된다. 정원형 지성은 서로의 영향력과 진화를 믿고 제한 없이 나아가는 역동적인 사고방식이며 우리 미래의 기초이다.[33]

정원형 지성은 바로 연기적 사유에서 나온 것이다. 붓다의 연기법은 오늘날 복합체계 이론에서 적절히 표현되고 있다. 정원형 지성의 출발이 복합체계 이론에서 출발하였다는 것은 바로 연기적 사유에서 나왔다는 것을 의미한다. 중정정치의 틀은 정원형 지성에서 나온 것이고 이는 바로 연기법에서 나온 것이다. 중정정치의 또 다른 이름이 바로 연기의 정치라 표현할 수 있을 것이다.

그러면 중정정치의 핵심 가치는 무엇인가? 제일 중요한 것이 연기적 시민의식이다. 사회구성원 각자가 인간이 완전히 이기적이고 원자화되며 독립적인 존재가 아니라 철저히 호혜적이며 네트워크화되며 상호의존적인 존재가 되어야 한다는 의식을 가지는 것이다. 이럴 때 비로소 아름다운 정원을 가꿀 수 있는 정원사가 될 수 있다. 그리하여 인간 행동의 원초적 추진력이라 할 수 있는 개인의 이익은 바로 공동의 이익에서 나온다는 것을 인정할 것이다.

개인과 전체, 개체와 집단은 근대사회의 정치와 경제 나아가 거의 모든 영역에서 논의되는 대립 개념이다. 근대의 다양한 정치 이데올로기들도 여기서 출발한다. 개인주의와 전체주의는 대립된 개념을 표상

---

33 위의 책, pp. 28-31.

하는 대표적인 이념이다. 개인주의를 바탕으로 하여 자유주의, 자본주의 등이 생성되고, 전체주의를 바탕으로 하여 파시즘, 민족주의 등이 발생한다. 개인과 전체의 대립은 인간의 본성과 결부되어 논의되고 있다. 개인에 비중을 두는 사람들은 인간을 이기적 본성으로 보는 관점에서 출발한 것이고, 전체에 비중을 두는 사람들은 '전체는 부분의 합을 넘어선다'고 보고 개인의 이기심을 넘어설 가능성을 인정한다.

오늘날 개체와 전체를 이분법적인 대립 개념으로 보는 시선은 많은 비판을 받고 있다. 특히 생물학에서 많은 비판을 받고 있다. 우리가 개체나 개인이라고 부르는 모든 생명체는 이미 집합체이고 공동체이다. 모든 개체는 집합체이다. 분할 가능한 많은 것이 모여 하나의 개체를 이룬 것이다. 복수의 요소가 결합하여 하나의 개체가 되는 것을 '개체화'라고 부른다. 개체화를 통해 각각 존재했던 것들은 하나의 개체 속으로 말려들어 간다. 이와 함께 이기적인 것과 이타적인 구분도 본성의 차원에서 구분한다는 것도 어려워진다. 모든 생명체는 무리 지어 함께하는 것이기 때문이다. 무생물도 그러하다.

모든 존재는 연기적 존재이다. 연기적 존재는 공동체적 존재이다. 바로 중생이다. 중생은 이미 공동체의 존재로서 공동체적 삶을 만들어 가야 한다. 바로 이것이 정원형 지성이고 중정정치가 구현할 핵심 가치라고 생각한다.

중정이란 용어는 중도와 정의의 결합어라고 필자는 말했다. 그러면 정의는 어떻게 설명할 것인가? 앞의 예비적 고찰에서 센의 정의론을 연기적 정의론이라고 소개한 바 있다. 센은 이상적인 제도를 추구하

붓다의 정치철학 탐구

는 초월적 탐색의 틀을 모색하는 오늘날의 대다수 정의론의 이론을 비판한다. 대신에 우리의 삶의 질이나 우리가 살아가는 실제 세계의 향상과 밀접한 구체적 문제에 관심을 둔다. 센은 완벽한 제도를 얻는 것은 불가능하지만 인간의 실제 세계를 향상시키는 일은 확실히 가능하다고 본다.

이와 함께 센은 다음과 같은 점을 인식해야 한다고 강조한다. 즉 사회 모든 계층으로부터 협력을 유도하여 이런 제도가 강력하게 잘 작동되도록 기틀을 다져 놓아야 한다는 것이다. 그리고 정의의 근거를 세우는 일에 동참하는 것은 더 없이 시급하게 해결해야 할 가장 최우선 과제로서 특히 중요하다고 주장한다. 이를 위해서 바람직한 첫걸음은 마땅히 우리가 밤잠을 설치며 고민할 만한 문제가 무엇인지 더 분명하게 그리고 훨씬 더 자주 생각해 보는 것이라고 말한다.[34] 결국 센의 정의론은 타자와 함께 진지하게 고뇌하며 협력하는 과정에서 나오는 것이다. 이에 대한 논의는 제5장 '한국불교의 정치철학적 과제'에서 계속될 것이다.

생명·생태사회 구현

붓다의 이상에는 생명·생태사회의 구현이 있다. 이것은 붓다의 연

---

[34] 아마르티아 센, 정미나 역《세상은 여전히 불평등하다》21세기북스, 2018, p.253.

제3장_불교 정치철학의 체계화

기론을 바탕으로 한 지극히 자연스러운 사상이다. 연기의 특징을 한 마디로 표현하면 '상의상관성' 또는 '의존적 상호 발생'으로 볼 수 있다. 존재하는 것은 서로 의지하며 관련된 것으로 독자적으로 존재할 수 없음을 의미한다. 이러한 연기론에서 생명, 생태, 환경 등의 과제가 도출되는 것은 당연하다. 새삼 논의하는 것이 식상할 정도로 생태, 환경문제에서 연기론이 지니는 가치론적 함의는 자연스러운 것이 되었다.

오늘날 자연과학 분야의 지식과 기술의 발달은 인간에게 풍족하고 편리한 삶을 누리게 하였다. 그러나 과학기술의 발전을 통하여 인간의 삶과 인류 사회가 끊임없이 발전하고 번영할 수 있으리라는 생각은 하나의 신화에 불과하다는 사실이 점점 드러나고 있다. 자연에 대한 조작기술의 수준이 향상됨에 따라 인간은 새로운 욕구를 계속 불러일으켰으며, 또한 욕구의 충족은 새로운 욕구 창출의 계기를 만들어 줌으로써 욕구충족과 욕구 창출 사이에 끊임없는 상승작용이 일어나고 있다. 인간은 이렇게 증폭된 욕구를 충족시키기 위해 자연에 대한 일방적 착취를 강화하고 있으며 이로 인해 지구는 큰 위기를 맞고 있다. 이러한 지구의 위기는 1988년 미 시사주간지 〈타임〉이 '그해의 인물'로 사람 대신 '지구'라는 혹성을 선정함으로써 극적으로 표현되었다.

서구의 전통적 윤리관은 인간중심적인 것이었다. 즉 인간만이 윤리 공동체 구성원으로서 자격이 있고, 인간만이 윤리적 고찰이 된다는 것이다. 이것은 인간만이 우주 내의 어떤 것들과도 뚜렷이 구분되는 유일한 존재이며, 따라서 인간만이 내재적 가치를 지니고 있고, 그 밖의 모든 존재는 오로지 내재적 가치를 지닌 인간을 위한 도구적 가치만을 갖고 있다는 견해로 이어진다. 이러한 인간중심적 인간관은 칸트나 밀을 비롯한 서양 윤리학의 기본적인 전제이지만, 이것이 가장 두드러지게 나타난 것은 유대교에서부터 기독교로 이어지는 전통과의 관련성에서라고 할 수 있다.

패스모어John Passmore는 자연에 대한 위탁자로서 임무를 신이 인간에게 부여했다는 전제 아래, 인간의 자연에 대한 책임을 강조하고 있다.[35] 인간과 자연과의 관계에 대한 서구 윤리의 여러 논의는 이러한 패스모어의 입장에 바탕을 두고 있다. 자연에 대한 인간의 책임을 강조하는 입장은 결국 인간이 자연을 어떻게 관리, 사용할 것인가에 귀결된다. 이것은 근원적으로 인간의 이익과 관심에 따라 자연이 관리, 사용된다는 것을 의미한다. 이러한 자연관은 인간에 대한 자연의 종속을 초래하였다. 이는 인간과 자연을 분리하는 데서 나타나는 당연한 결과이다. 인간과 자연을 분리시켰을 경우 자연은 정복되거나 길들여져 인간의 문명을 이루는 텃밭이 된다. 자연은 인간의 생존을 위해 사용되는 자원일 뿐이다. 어떤 특정 자원이 고갈될 때 인간의 상상과 기술은 새로운 자원을 발견하고 그것을 활용할 신기술을 발명할 것이다.

이러한 자연관은 인간의 문화와 문명을 자연보다 상위에 올려놓을 뿐 아니라 자연을 대치하고 있는 것으로 인식한다. 이 같은 태도는 적어도 19세기까지는 일시적인 효과가 있을지 모르지만, 인간의 문화와 문명이란 자연체계에 의존하고 있는 것이므로 자연에 대한 '개척적인

---

35 John Passmore, *Man's Responsibility for Nature*, London: Puckworth, 1980, pp. 28-32.

윤리관'은 자연체계가 무한히 지속될 때에야 비로소 가능한 것이다.

인간중심적 윤리관의 또 다른 근거는 인간 이성에 관한 논의에서 출발한다. 즉 인간의 존엄성과 유일성은 그가 내재적으로 지닌 유일한 능력, 즉 이성에 근거하고 있다는 것이다. 인간을 이성적으로 보는 이유는 환경에 적응하는 양식이 다른 생물체와는 근본적으로 다르다는 점에서 비롯된다. 일반 생물체는 환경에 대한 본능적 적응력이 대단히 발달된 반면, 인간은 그처럼 강한 적응력을 가진 본능을 갖추고 있지 못하다. 그래서 본능의 힘이 미약한 인간은 새로운 환경의 도전에 맞서 환경 자체를 바꾸거나 자신의 행동을 조정함으로써 문제를 해결하였다. 즉 자신의 부족함을 생각하는 힘으로 메웠다는 것이다. 이 생각하는 능력, 사고력과 판단력으로서 이성을 가졌다는 사실이 인간을 다른 생물과 구분 짓는 근본적인 특색이라고 주장한다. 흔히 인간의 특성들로서 인간이 도구를 사용한다는 사실, 언어를 사용한다는 사실, 사회를 형성한다는 사실 등이 지적되는데, 이는 결국 인간의 이성적 특성에서 나온 결과라는 것이다.

인간이 이성적이기 때문에 인간만이 윤리 공동체의 회원이 될 수 있다는 주장 이외에도 인간만이 불멸하는 영혼을 가지고 있다든가, 인간은 자연에 대한 위탁을 신으로부터 부여받았다든가 하는 근거가 제시되기도 한다. 그러나 이런 근거들은 종교적 형이상학적인 신념의 토대와 관계를 갖는다. 인간의 유일성과 특수성은 어떤 절대적 인격자에 의해 창조된 것이거나 그렇지 않으면 더 이상 설명할 수 없는 어떤 영원한 우주적 질서로 풀이되고 있다.

붓다의 정치철학 탐구

싱어Peter Singer는 인간만이 특유한 가치를 지닌다는 사고를 종種우월주의speciesism에 불과하다고 주장한다. 종우월주의는 어떤 종에 속하는 성원이 본래적으로 도덕적 대우를 받을 자격이 있다는 근거로는 전혀 적합하지 않다. 싱어는 이 종우월주의를 인종우월주의racism나 성차별주의sexism와 같은 종류로 보면서 모든 종류의 동물해방을 주장하고 있다.[36]

이러한 싱어의 논지는 우리가 지금까지 지녀온 편견과 선입관에 새로운 자극을 주고 있다. 그러나 보다 급진적인 생태론적 입장에 서 있는 사람은 싱어의 논지를 동물중심주의animocentrism라고 비판한다. 즉 싱어의 윤리학에서 볼 때 윤리적 고려 대상, 즉 윤리적 객체는 모든 생물을 포함하지 않고 동물이라는 범주에 속하는 것뿐이라는 것이다. 오늘의 현대과학 이론에서 나타난 동물과 식물 간의 궁극적 상관성, 생물과 무기물 간의 궁극적 관계를 고려할 때 동물중심주의적 윤리관은 아직도 폐쇄적이고 따라서 극복되어야 할 과제라 하겠다.

동물중심적 윤리관은 모든 생물을 윤리적 배려의 대상으로 포함시키는 생물중심적 윤리학ethics of biocentrism으로 한발 더 나아가야 할 것이다. 그러나 생물중심 윤리학도 인간중심 윤리학이나 동물중심 윤리학과 마찬가지로 어떤 양식의 존재들 사이의 단절성을 전제로 하고 있다. 즉 서로 다른 존재들 간에는 서로 환원할 수 없는 절대적 구별이 있다는 것이다. 생물중심 윤리학은 인간과 동물, 동물과 식물 사이의 절

---

36 Peter Singer 〈동물해방〉 제임스 레이첼스 편 《사회윤리의 제문제》 서광사, 1986, p. 216.

제3장_불교 정치철학의 체계화

대적 단절을 인정하지 않고 어떤 연속성을 인정하고 있지만, 생물계와 무생물 간의 절대적 단절을 전제로 한다.

존재들을 질적으로 구별하는 것은 대개 서양철학의 큰 흐름 가운데에서 발견할 수 있다. 절대적 인격자로서 신과 인간 그리고 그 밖의 존재들 간의 구별, 플라톤의 이데아와 현상계의 구분, 데카르트의 이원론적 세계관, 칸트의 본체noumenon와 현상phenomenon의 구별들이 그러하다. 그러나 동양적 세계관은 다르다. 불교, 힌두교, 노장사상 등에 나타난 세계관의 기본적인 특징은 모든 존재의 단일성, 전일성이다. 동양적 세계관에서 볼 때 인간과 동물, 동물과 생물, 생물과 물질, 물질과 정신 사이에는 존재학적으로 근원적인 차이가 없고, 서로 연결되어 하나를 이루고 있다.

자연을 인간의 조작 또는 가공의 대상으로 보는 관점은 서양의 오랜 지성사적 뿌리에 바탕에 두고 있다. 기원전부터 서양인들의 사유 틀에는 자연을 인간의 주관으로부터 분리시켜 관찰의 대상으로 삼았던 흔적이 많이 있다. 즉 관찰의 주체는 객체를 있는 그대로 알기 위해서 주체와 객체가 감성적, 지적으로 격리되어야 한다는 것이다.

여기에서 관찰의 주체는 인간으로, 인간중심적 사고의 틀이다. 자연에 대한 인간의 관찰 결과가 바로 과학이며 이것은 진보라는 개념으로 연결된다. 즉 자연을 인간의 손길을 통해 인간에게 가치 있는 것으로 만드는 방법이 과학이며 이를 진보와 동일시하는 것이다. 이러한 사유 틀은 기계론적 자연관에 기인하는 것이다.

기계론적 자연관은 정신과 물질은 근본적으로 다른 것이라는 물심

이원론과 실체와 현상을 원자화하는 분석적 사고에 기반을 둔다. 근대 인식학의 대부들인 라이프니츠Leibniz, 스피노자Spinoza, 데카르트Descartes 등이 관찰 도구, 즉 렌즈, 사람 눈의 원리, 광학 같은 것에 깊은 관심을 보였던 것은 우연이 아닐 것이다. 이들의 관찰 도구에 대한 관심은 관찰의 주체와 그 대상 객체 사이에 어떠한 관련이 있을 수 있는가를 좀 더 '객관적'이고 정확하게 규명해보려는 데서 나온 것이라 하겠다.

이와 같은 탐구는 그 대상을 분석적으로 알고자 하는 방법이다. 즉 대상을 미세한 부분으로 분해하면 할수록 그 원자적 속성에 접근할 수 있고, 그 원자적 속성이 대상 전체의 본질을 결정하는 요체라는 것이다. 대상의 속성 또는 법칙성이 발견되면 인간은 그 대상을 관리, 조정, 제어할 수 있는 능력을 갖추게 된다. 바로 이것이 과학의 사명이고 진보이다. 이런 기계론적 자연관은 생활의 모든 질을 양의 개념으로 환원함으로써 생명이 없는 우주관을 형성하였고, 물질지상주의의 시대를 초월하는 데 큰 역할을 하였다.[37]

현대의 지배적 사상의 기초 역할을 해온 기계론적 자연관은 금세기 초부터 근원적으로 흔들리기 시작하였다. 상대성 이론과 양자역학을 끌어낸 물리학의 발전은 데카르트적 세계관과 뉴턴 역학의 모든 개념을 부수어버렸다. 절대공간과 절대시간이란 기본 개념, 기본적 고체 입자, 기본 물질, 물리적 현상의 엄격한 인과성, 그리고 객관적 기술들

---

[37] 콘라드 H. 워딩톤, 이원식 역 《미래의 인류사회》 한마음사, 1982, p.27.

은 현대 물리학이 추구하는 새로운 영역에는 적용될 수 없음이 확인되고 있다.[38]

이러한 현대 물리학은 지금까지의 데카르트-뉴턴적인 자연관과 세계관을 붕괴시키고, 새로운 자연관과 세계관을 탄생시킨다. 바로 전일적全一的 우주관, 유기체적 세계관으로서 자연과학 및 사회과학의 제 영역에 영향을 주기 시작하였다. 전일적 세계관, 우주론적 자연관이 인간중심 윤리학의 패러다임을 거부하는 것은 자연스러운 일이다. 근래 서구에서도 이러한 자각이 일어나고 있다. 레오폴드Aldo Leopold는 윤리의 범위가 확대되는 '대지 윤리land ethics'를 주장한다. 그는 이것을 '도덕 공동체의 확장'으로 해석하면서 대지 윤리 공동체의 범위를 땅, 물, 돌, 식물, 동물 등으로 확대시킨다. 이러한 레오폴드의 의견은 여러 윤리학적 논쟁을 불러일으키고 있다. 이 글에서는 이러한 논쟁들을 소개할 지면은 없다. 하지만 계속 강조하고자 하는 것은 기계론적 자연관 및 인간중심적 사고 틀로서 현대문명의 위기를 극복하는 것은 비트겐슈타인의 표현대로 "찢어진 거미줄을 사람의 손가락으로 수리하려 하는 것"이라 하겠다.

현대문명의 근본적인 문제가 기계적인 자연관과 밀접한 관련이 있다 함은 표현을 달리하여 계속 논의되어 왔다. 이와 관련지어 다시 생각해 볼 문제가 진보의 개념이다. 유한한 자원을 보존하고 지구의 파멸을 방지하기 위해서는 우리가 지금까지 신화로서 믿어온 진보의 개

---

38 Firtjof Capra, 이성범 역《새로운 과학과 문명의 전환》범양사, 1988, p. 70.

붓다의 정치철학 탐구

념에 대해 깊은 성찰이 필요하다.

진보에 대한 낙관적인 신념은 과학이 발달하고 소위 합리적이고 휴머니스틱한 세계관이 정립되고 종교적, 정치적인 자유를 얻게 된 이후에 형성된 것이라 하겠다. 여기서 유의할 점은 무엇이 진보냐 하는 문제이다. 진보의 개념이 특정한 목표나 어떤 방향을 향해 나가는 뜻을 내포한다면 이것은 여러 가지 다른 가치체계에 따라 그 내용이 달라질 수 있다.

오늘날 제기되는 생명·생태사회에 대한 이론은 붓다의 가르침과 불교 사상을 원용한 것이라 볼 수 있다. 이를 현대사회에 구체적으로 적용하고 실천할 수 있는 이론의 체계화와 실천 방안에 대해 진지한 고뇌가 필요하다.

3. 실천 방법과 전략

불교의 실천성과 개방성

붓다의 이상과 가치를 실천하는 방법과 전략을 구체적으로 살펴보기 전에 먼저 불교의 실천적 특징에 대해 살펴보고자 한다. 불교의 실천적 성격에 대한 논의는 국내에 《해방자 붓다, 반항자 붓다Buddhism – The Religion of Analysis》라고 번역된 제이컵슨N.P. Jacobson의 주장을 소개한다.

서양인들이 불교를 이해하는 데 가장 중대한 장애가 되는 것은 불교를 삶의 해석이나 하나의 교리체계, 그리고 자아, 고통, 열반에 대한 가르침 따위로 생각하는 경향 때문이다. 왜 장애가 되는가 하면 불교의 뚜렷한 특징은 어떠한 사상체계나 총괄적 이론으로 전달될 수가 없기 때문이다. 불교는 본질적으로 가르침이나 교리가 아니다. 불교는 삶이 지속적으로 안고 있는 까다로운 문제들을 다루는 실천적인 내용을 포함하고 있다…… 한 사람이 다른 사람에게 전달할 수 있는 것은 불교의 껍질뿐이다. 불교적 전통 속에서 자라지 않은 사람들은 이 말의 의미를 이해하기 어려울 것이다. 가르침이 아니라니? 논리적인 형식을 띠거나 공식화될 수 없는 믿음이라니? 그렇기 때문에 서양인들이 불교를 이해하기 위해서는 보통 이상의 인내력이 필요하다.[39]

　필자는 위의 주장에 많은 공감을 하고 있다. 불교의 가르침은 서양의 전통적인 서양철학이나 종교와 다르다. 서양에서 인간존재는 항상 제도나 법, 도덕률, 철학적 관념, 이론적 체계의 형식 등의 체계로 표현된다. 종교에서는 하나님의 뜻, 사랑의 계명, 구약의 모세 율법 등의 체계로 조직화되어 나타난다. 서양인의 사고에는 자신을 이성적 질서 안에 두는 것이 최고의 덕이라 생각한다. 이렇게 서양 문명은 오랫동안 규칙들과 원리들을 만들고 그것을 객관 세계에 투사하려는 노력을 일관되게 해왔다고 볼 수 있다. 이와 반대로 불교는 모든 조직화─그것이 인간적이든 신성한 것이든─로부터의 해방 또는 해탈이다. 교리나 신념에 얽매이는 것의 해독과 실천에 관한 교훈은 불교 경전에 수도 없이 많다. 강을 건널 때는 뗏목이 필요하지만 건넌 후에는 그것을 버려야 한다는 붓다의 비유는 교리에 얽매이지 않는 실천의 중요성을 강조하는 것이리라. 독화살의 비유도 그러하다.
　붓다의 가르침은 상대방의 구체적인 질문이나 노력과 실천적인 관련을 맺고 있다. 붓다의 무기설법無記說法도 이에 기인한 것이라고 볼 수 있다. 붓다는 인간의 고통과 그것을 극복하는 실천 방법에 큰 관심

---

39 제이콥슨, 주민황 옮김《해방자 붓다, 반항자 붓다》p.33.

을 가졌지만, 세계가 영원한지, 영혼과 육체의 관계는 어떤지, 내생은 있는지 없는지 등 이론적 호기심에서 제기한 질문에는 침묵하였다.

이러한 불교의 실천성은 불교에 개방성을 가져다주었다. 서양의 종교 전통에서는 매우 찾기 어려운 특성일 것이다. 이러한 개방성 때문에 불교는 매우 다양해졌다고 할 수 있다. 서양인이 보기에는 어지러울 정도로까지. 붓다 입멸 후 불교도들은 수 세기 동안 수백 권의 경전을 저술하였다. 불교도들은 '교주의 가르침'을 부연 설명하고 재해석하여 확대시키는 데 전혀 거리낌이 없었다. 이것은 기독교에서 상상하기 힘든 상황이다.

불교는 가르침의 실천에 관한 한 종교 역사상 가장 자유스러운 종교이다. 불교는 다양한 나라에 널리 퍼져 나가 제각기 고유한 특색을 띠게 되었기 때문이다. 기독교처럼 전체 불교도를 하나의 형태로 일치시킬 교황제와 같은 제도도 없다. 이러한 현상의 제일 큰 원인은 불교가 이론의 종교가 아니라 실천의 종교이고 그 실천은 항상 개인의 정신적 수행과 체험 속에서 이루어짐을 강조해 왔기 때문이다. 이렇게 불교는 정신적 실험이라고 볼 수 있다. 그만큼 붓다의 이상을 실천하는 실천 방법도 다양할 것임은 자명하다.

팔정도와 실천 영역

붓다의 정치 이상을 실천하는 방안과 전략은 어떻게 구체화할 수 있

붓다의 정치철학 탐구

을까? 실천 방안과 전략은 상황 규정을 토대로 하여 지향 가치를 구현하려는 여러 가지 수단, 처방, 정책, 제도, 과정 등을 포함한다. 붓다 다르마에서는 중도의 실천과 팔정도八正道가 실천 방법의 토대라고 볼 수 있다. 붓다 다르마를 현실 정치와 연결하여 찾아보는 실천 방법과 전략은 연기적 조건에 따라 다양하게 찾아볼 수 있을 것이다.

팔정도는 사성제 중 도제道諦의 구체적인 내용으로서 욕망과 고행의 극단을 떠난 중도를 추구함으로써 진리를 깨닫기 위한 여덟 가지 수행 방법이라 할 수 있다. 그러면 중도와 팔정도의 관계는 어떠한가? 중도와 팔정도를 동일시하는 견해도 있고 중도를 실천하기 위한 방법으로 팔정도를 내세우기도 한다. 필자는 중도와 팔정도의 관계를 총론과 각론의 관계로 보고자 한다. 중도를 실천하기 위해 팔정도가 필요한데 각각의 팔정도가 중도적 방법으로 실천되는 것이다. 마치 정어正語의 중도, 정견正見의 중도처럼.

팔정도는 세 부분으로 크게 묶을 수 있다. 첫 번째, 도덕적 행위와 삶을 지칭하는 바른말 정어正語, 바른 행위 정업正業, 바른 생계수단 정명正命, 바른 노력 정정진正精進, 두 번째는 마음의 통일과 정화를 의미하는 바른 집중 정념正念, 바른 선정 정정正定, 그리고 세 번째는 사물에 대한 올바른 통찰을 의미하는 바른 견해인 정견正見, 바른 사유인 정사正思이다. 이러한 팔정도는 시간과 공간 그리고 대상에 따라 연기한다고 본다. 대승불교에서는 팔정도가 자기완성에 치중하고 있다고 판단하여 보시와 인욕 같은 사회적인 항목을 포함하는 육바라밀을 제시하였다. 그러나 팔정도에서도 그 같은 항목을 도출할 수 있을 것이다. 이러한 팔정도의 내용을 정치철학과 사회윤리로 어떻게 치환하여 속제화시키느냐가 중요한 과제라 할 수 있다. 여기서는 구체적인 실천 내용이 아니라 실천 영역을 개인윤리적 차원, 사회윤리적 차원, 사회운동적 차원으로 구분하여 살펴보고자 한다.

첫 번째, 개인윤리적 차원은 문제 해결 방안을 개인의 도덕성, 즉 개인 의지의 자유와 결단에서 찾는다. 의지의 자유란 의지의 자율을 말하며, 결단은 자율적 의지의 선택적 결단을 의미한다. 동서양 윤리학의 주류를 이루고 있는 것이 개인윤리와 개인윤리학이다. 개인윤리는 도덕이 가지고 있는 현실적 결과와 사회적 측면을 고려하지 못한다는 점에서 문제점을 가지고 있음에도 불구하고 여전히 중요하다. 제도적 장치를 통해 사회정의를 제대로 실현하느냐의 문제는 바로 그 제도를 운용하고 그 제도 아래서 삶을 영위하는 사회구성원의 도덕적 수준에 의해 좌우된다. 사회구성원의 도덕 수준이 미흡하면 제도적 장치의 발전과 충실화가 가능하지 않다. 개인의 도덕성 함양은 주로 교육을 통해 이루어진다. 구체적으로는 가정, 학교, 언론, 종교 등 사회화 기능의 윤리화를 통해서 이루어진다.

두 번째, 사회윤리적 차원은 사회구조의 도덕성에 관심을 두고 있다. 사회윤리에 관한 관심이 증대하게 된 이유는 사회 변화의 속도가 급격하고, 사회구조의 복잡성이 개인의 삶과 사회와의 유기적 관계를 증대시켰다는 사실에서 찾을 수 있다. 또한 윤리학이 도구로써 사용할 수 있는 인문사회과학이 발달했음도 빼놓을 수 없다. 즉 사회의 복잡성 증대와 이에 관한 인간의 대처 능력 사이의 간격과 틈을 극복하는 방안을 마련하는 학문 등이 발달했다는 것이다.

사회윤리는 그 접근방법에서 몇 가지 특성이 있다. 먼저 사회적 결과를 현실적으로 문제 삼고 추구한다. 개인윤리는 개인의 순수한 내적 동기에 많은 관심을 기울이지만, 이러한 심성적 윤리는 무력하고 자의적 내면성의 윤리가 될 위험성이 매우 크다. 따라서 사회윤리는 개인 행위의 원인이나 사회적 문제의 원인을 규명하고 해결할 일차적 관심을 사회적 원인에 둔다. 다음으로 이러한 사회적 원인의 해결이나 제거를 사회적 정책이나 제도, 또는 체제의 차원에서 추구한다.

사회구조의 도덕성 논의에서 구체적 대상은 무엇인가? 이는 사회 이념, 사회제도, 정책이 도덕적 사회의 비전에 얼마나 적합하느냐 하는 것이다. 따라서 사회윤리학은 도덕철학, 정치철학, 사회철학 등 통합적인 접근을 필요로 한다. 또한 사회제도의 정의 문제는 사회윤리의 제일 큰 과제이다. 롤스J. Rawls가 "사상체계에 있어 진리가 덕목인 것처럼 정의는 사회제도의 핵심 덕목이다. 어떤 이론이 아무리 세련되고 경제적일지라도 진리가 아니면 거부되고 수정되어야 하듯이 아무리 능률적이고 잘 조직된 제도일지라도 부정의한 사회제도는 개혁되거나 폐지되어야 한다."[40]라고 한 것도 정의 문제의 중요성을 강조한 대목이다.

그러면 어떤 사회가 정의로운 사회이며 어떻게 정의로운 사회를 실현할 것인가 하는 사회윤리적 과제가 등장한다. 이 과제는 우선 정의

---

40 John Rawls, *A Theory of Justice*, Harvard Univ. Press, 1971, p. 3.

제3장_불교 정치철학의 체계화

의 이념과 그 실천 원리에 관한 철학적 탐구가 선행되어야 한다. 다음으로 이러한 이상과 원리에 비추어 정치, 사회, 사회체제라는 국가의 기본적 시스템을 어떻게 조직하고 나아가 이를 사회제도 및 정책 등에 제도적인 규범으로 어떻게 반영시키느냐 하는 탐구가 이루어져야 한다.

사회윤리적 차원의 실천은 바로 공업共業의 문제이다. 불교의 업설業說은 개인적 차원의 업인 불공업不共業뿐만 아니라 사회적 차원의 공동의 업까지도 포함된다. 개인의 운명은 개인적인 선업뿐만 아니라 공동의 사회적 선업이 뒷받침될 때 비로소 성취 가능하기 때문이다. 불교의 공업사상은 불교인의 사회정의를 위한 사회적 실천을 위한 이론적 토대라 할 수 있을 것이다.[41]

세 번째는 사회 운동적 차원이다. 오늘날 제도권 정치에 의해 대변될 수 없는 새로운 요구와 관심들이 집단적인 사회운동의 형태로 표출되기 시작하였다. 이와 함께 대의적인 정치나 종래의 계급론적인 사회운동에 대한 인식들이 크게 변하면서 시민사회와 시민운동에 대한 관심이 높아졌다.

한국에서 시민사회론 논의는 1990년을 전후하여 소련을 비롯한 공산권 체제의 붕괴와 이에 따른 마르크스주의 위기에 대응하는 대안 논의를 통해 시작되었으며, 그 흐름도 매우 다양하다. 우리나라의 시민단체는 1987년 이후 민주화 공간에서 우후죽순처럼 탄생하였다. 현재

---

41 박경준《불교사회경제사상》pp. 293-317 참조.

붓다의 정치철학 탐구

한국에는 다양한 종류의 크고 작은 NGO가 전국에 걸쳐 수천 개가 넘는다고 한다. 한국에서 시민사회에 대한 관심은 환경운동연합, 참여연대, 경실련, 녹색연합 등 중도적 초계급적 성향이 깊은 시민단체들이 점점 사회변혁에 영향력을 발휘하면서 나타나기 시작하였고, 시민운동은 민주화와 궤도를 같이하는 것으로 인식되고 있다. 시민운동은 노동운동의 한계 표출과 중산층 및 언론의 지원에 힘입어 성장하였고, 문민정부 출범 이래 시민운동 단체들은 국민의식개혁 운동의 중요한 축으로 등장하고 있다. 그러나 시민사회의 성숙이 미흡한 채로 출발한 한국의 시민운동이 앞으로 어떻게 진행될지는 미지수이다. 또한 시민운동 단체들이 스스로 밝히고 있듯이 대중성의 확보, 명사 중심의 위로부터의 운동, 자급적인 재정 확보, 전문성의 제고 등 많은 문제를 내포하고 있다.

지난날 우리 사회의 사회운동은 정치적 민주화, 경제적 평등, 남북통일을 지향하면서 일상생활에 필요한 요구들을 부차적인 것으로 취급하는 경향이 많았다. 따라서 모든 사회운동은 정치적인 권력과의 갈등 과정에서 정치 운동의 성격을 띨 수밖에 없었다. 그러나 오늘날 많은 사람이 생활 정치의 중요성을 이야기하고 사회적 삶의 질의 문제를 제기하고 있다. 경제성장으로 얻은 물질적인 여유가 과연 우리 삶의 질을 얼마나 향상시켰는가? 이웃과 공동체는 사라지고 철저한 경쟁 논리 속에서 아웅다웅하고 있는 것은 아닌가? 노동자와 농민, 도시빈민 등의 전통적인 사회문제와 더불어 환경, 교통, 교육, 치안, 보건 의료, 소비자, 언론, 여성, 노인, 청소년 등의 문제와 같은 삶의 질 향상을 위한 과제가 중요한 아젠다로 등장하고 있다. 이러한 현상은 서구사회에서 태동한 신사회운동New Social Movement의 성격을 띠고 있다고 볼 수 있다. 이는 정치적 문제보다는 시민사회 내의 생활 문제를 삶의 질적인 측면에서 개선하고 해결하려는 지식인이나 중산층의 비계급적 운동이라 할 수 있다.

사회운동적 차원에서 중요한 논의 중의 하나가 시민운동과 민중운동의 관계이다. 민중운동은 직접적이고 비합법적인 투쟁 방법을 동원하면서 국가권력과 대결하는 양상을 띠는 반면, 시민사회 운동은 합법적 공간에서 전개한다. 시민운동과 민중운동은 크게 이슈와 주체, 그리고 목표와 방법의 측면에서 구별될 수 있을 것이다. 우선 시민운동은 계급적, 민중적 이슈가 아니라 환경이나 범죄, 공공선 등 초계급적인 문제에 관심을 두고 있다. 다음으로 주체의 차이를 살펴보자. 민중운동의 주체는 객관적으로 기층민중의 위치를 차지하는 노동자, 농민, 도시빈민과 자신을 기층민중과 동일시하고자 하는 학생, 지식인, 직업적 활동가들이다. 반면 시민운동의 주체는 민중적, 계급적 정체성을 떠나 일반적으로 시민이라는 초계급적 성격을 갖는 계층이다. 또한 민중운동은 사회체제의 근본 변혁을 목표로 삼는 체제 변혁적인 성격을 지니는 반면, 시민운동에서는 일반적으로 부분적인 변혁을 목표로 삼는 개량적, 개혁적 성격을 띤다.

위의 구분은 '전형적인 틀'에서 나온 것이다. 실제로는 민중운동과 시민운동 사이에는 그 특성이 중첩되거나 모호한 경우도 많이 나타난다. 1990년대 이전은 한국에 민중 운동적 성격이 강한 사회운동이었던 반면 이후 등장한 운동은 초계급적, 개량적인 시민운동이 주류를 이루고 있다. 오늘날 시민운동은 시민적 주체성을 가진 시민이 국가와 공권력을 상대로 시민적 권리 확대를 요구하는 운동이라고 볼 수 있다.

시민사회운동에 대한 성격과 역할에 대해서는 많은 비판과 논의가 제기되고 있기도 하다. 대표적인 것이 '시민 없는 시민운동'이라는 비판이다. 시민단체의 대중성 확보가 미흡하다는 것이다. 또한 재정적 취약성도 함께 거론된다. 시민의 자발적 지원이 빈약하여 정부 지원금이나 외부 후원금에 의지하는 경우가 많다는 주장이다. 이는 정부의 어용 단체라는 인상을 줄 위험성이 많으며 시민단체의 순수성이 훼손될 염려가 있다. 시민운동 자체의 민주화 문제도 거론된다. 권위주의적 의사결정 구조를 해소하고, 재정과 업무의 투명성을 확보하기 위한 내부 비판이 활성화되어야 할 것이다.

오늘날 한국불교 안에서도 다양한 사회운동 차원의 시민운동을 전개하고 있다. 환경·생태 운동, 통일 운동, 자비 운동, 문화 운동, 종단의 민주화 등 다양한 운동이 전개되고 있다. 출가자와 재가자가 함께하는 운동도 있고, 재가자만의 운동도 있다. 오늘날 한국불교의 시민운동을 어떻게 뿌리내리고 활성화시키느냐의 문제는 앞으로의 큰 과제라 하겠다.

위에서 개인윤리, 사회윤리, 사회운동의 세 차원은 불교의 가치를 실천할 영역으로 제시하였지만, 이것은 동시에 바로 전법과 포교의 대상이자 영역이다. 붓다 다르마와 불교 이상의 실천은 전법과 포교를 통해 구체화된다. 불교라는 교단이 존재하는 이유는 붓다의 가르침을 보호하고 널리 알려 모든 존재가 행복하기 위함이다. 포교와 전법은 정법의 선양이고 확산이고 실천이다. 불교 정치철학의 이상을 탐색하여 실천하고자 하는 작업은 결국 붓다의 정법을 전하고 포교하는 것이다. 그런데 한국불교의 포교 현실은 어떠한가. 많은 불교인은 이에 대해 안타까움을 감추지 못하고 있는 것이 사실이다.[42]

한국불교의 미래는 전법과 포교에 있기 때문이다.

---

42 홍사성《정법천하를 기다리며》pp. 188-229 참조. 이 책에는 한국불교의 포교 현실과 희망에 관한 내용이 담겨 있다.

현대 정치 이념의
불교적 성찰

현대 정치 이념을 불교적으로 성찰한다는 것은 바로 이념이 가지고 있는 역기능을 극복하고, 행복하고 바른 사회를 구현하는 것이라 하겠다. 여기서는 근대 이후 태동한 정치 이념 중, 오늘날까지 그 생명력을 활발하게 유지하는 이념들과 시대와 사유의 패러다임이 변화하면서 새롭게 등장한 열 개의 이데올로기를 선택하였다. 이 정치 이념들은 오늘날 지구촌에서 많은 영향을 미치고 있는 것으로 서로 연기적으로 얽히어 작용한다. 그래서 각각의 이념들의 형성 배경과 전개과정을 살피면서 이념의 원리와 변용 그리고 분화의 특징을 분석하고 진단한다. 나아가 현재적 의미와 문제점을 불교적 시각에서 진단하고 대안을 제시해보고자 했다. 불교적 시각이란 바로 연기법과 중도로 진단하고 처방한다는 뜻이다. 연기와 중도의 지혜로 이념을 대하면 결코 이념의 오류와 함정에 빠지지 않고 인간 삶을 위한 바람직한 방편으로 사용할 수 있을 것이다.

붓다의 정치철학 탐구

1. 자유주의
- 대자유인의 길과 자비행

자유주의는 현대 정치 이념의 모체이자 원천이라고 볼 수 있다. 현대의 정치사상은 어떠한 형태로든 자유주의 이념과 연결되어 있다. 자유주의liberalism는 자유로운 개인을 목표로 하는 일련의 방법과 정책들에 의한 신념 체계이다. 체계적 정치 이념으로서 자유주의는 19세기에 태동한 산물이지만 그 이전에 발전해 온 다양한 이데올로기와 사상의 토대 위에서 생성되었다.

자유주의는 근대 자연법 사상을 바탕으로 출발하였다. 자연법에서는 인간의 자연권을 법 이전에 하늘로부터 부여받은 천부인권으로 간주한다. 자연권 개념은 홉스, 로크, 루소의 자연법 사상과 사회계약설에 의하여 성립되어 17~18세기 프랑스, 영국에서 일어난 시민혁명의 사상적 배경이 되었다. 이렇게 자유주의는 정치, 경제, 사회, 종교적인 중세 봉건 질서로부터 개인을 해방하려는 반봉건적 이데올로기로 출발하였다.

자유주의 이상은 개인주의를 철학적 기초로 하여 개인의 자유를 극대화시키는 데 초점을 두고 있다. 따라서 개인의 자유를 위협하고 개인이 지닌 잠재성의 실현을 방해하는 어떠한 체제에도 반대한다. 또한 경제적 측면에서는 인간의 이성과 욕망을 존중하여 시장 원리와 재산권 보장을 기본 가치로 중시함으로써, 자본주의 발전과 밀접한 관련이 있다. 정치적 측면에서 자유주의는 국가를 개인의 자유에 대한 최대의 위협으로 보아서, 제한 국가 내지는 최소 국가 이론을 기본 원칙으로 강조하였다. 그리하여 국가나 정부의 권한은 헌법과 기본법의 틀 안에서 제한하는 입헌주의 전통과 자유민주주의 원리를 발전시켰다. 또한 종교적 측면에서 자유주의는 교회의 권위에 도전하는 반권위적인 성격을 지녔다. 이러한 동향들이 얽혀서 17, 18세기 말에 자유주의는 영국과 프랑스에서 혁명이라는 돌파구를 열어 새로운 삶의 원리로서 확립되었다.

근래에 들어 초기의 자유방임주의는 여러 가지 사회적 정치적 문제를 해결하는 데 실패하여 지도이념으로서의 효율성에 비판을 받게 되었고, 이와 함께 자유주의 자체도 다양하게 변화를 하고 있다. 고전적 자유주의의 소극적 자유 개념은 근대적 자유주의의 적극적 자유 개념으로 변화하였다. 그러나 1980년대 이후 영미를 중심으로 시장 원리의 부활을 주장하는 신자유주의의 출현으로 인해 인간의 존엄과 자유의 의미 해석을 둘러싸고 새로운 담론이 형성되었다. 즉 자유주의는 지나치게 개인의 독립성에만 초점을 맞춤으로써 인간 삶에서 공동체의 중요성을 간과하게 되었다는 비판을 받은 것이다.

필자는 자유주의와 불교 사상은 서로 친화력이 높다고 생각한다. 이것은 해탈이니 열반이니 하는 용어가 자유라는 용어와 가깝다는 생각에서 나온 것인지도 모른다. '대자유인'이라는 용어는 불교계에서는 매

붓다의 정치철학 탐구

우 익숙한 용어라고 할 수 있다. '천상천하유아독존天上天下唯我獨尊'이라는 붓다 탄생의 첫 일성은 하늘과 땅을 통틀어 가장 존귀하다는 대자유인의 선언이라고 볼 수 있다.

　자유주의가 서구에서 출발할 때는 매우 혁명적인 이념이었다. 자유주의의 등장 배경과 붓다 다르마의 출현 배경은 아주 유사하다. 붓다 등장 당시의 인도 사회 특징은 마치 르네상스와 종교개혁, 이후 프랑스 혁명기와 이어지는 시대와 상당 부분 닮아 있다. 기원전 6세기경 바라문 중심의 베다 문명에 반발하는 새로운 사상이 등장했다. 이러한 사상 운동의 주역을 '사문沙門' 혹은 '자유 사상가'라고 하며, 이들을 총칭해서 육사외도六師外道라고 칭한다. 그 당시 정치·경제적으로는 왕권이 바라문을 압도하기 시작하였다. 장자長子라고 하는 부호들이 등장하였고 이 새로운 계층은 기존의 바라문교를 거부하고 불교와 같은 신흥 종교를 전폭적으로 지지하였다. 또한 왕들 역시 바라문 중심의 사회를 왕권 중심의 사회로 바꾸고자 하는 열망으로 신흥 종교를 적극 후원한 시기였다. 이는 가톨릭 중심의 중세 사회가 붕괴하고 근대사회가 시작되는 서구의 문명 전환기와 맥을 같이한다.

　자유주의는 탄생 이후 다양한 모습으로 변모해 왔다. 고전적 자유주의, 수정 자유주의, 신자유주의 등이 대표적이다. 자유의 개념도 타인의 간섭이 없는 상태의 '소극적 자유'와 합리적인 존재로서 개인이 적극적으로 자신의 목표를 추구하고자 하는 '적극적 자유' 등 다양한 모습으로 확장되어 왔다. 붓다의 자유 개념은 '속제俗諦'로서의 자유 이념을 안으면서 해탈이라는 경지로 확장된다. 붓다의 자유 개념은 열반으로 가는 대자유인의 길이다.

자유주의는 혁명적 이념으로 출발하였지만, 오늘날에는 보수의 대명사로 비판받는다. 개인의 자유와 권리를 강조하다 보니 공동체의 문제에 소홀하다는 것이다. 여기에 자유주의 문제점을 거론하고 등장한 것이 공동체주의이다. 공동체주의의 관점에 의하면 개인의 정체성은 자신이 선택한 것이라기보다는 공동체적 관계와 가치에 뿌리를 두고 개인과 사회가 상호작용하는 과정에서 형성된다. 반면 자유주의적 입장에서 정체성은 개인의 합리적 이성에 의해 스스로 삶의 목적을 선택하는 자율적 특성이 강조된다. 그러나 극단적인 자유주의적 개인은 공동체로부터 부여된 자신의 역할이나 책임에 대해 무관심하다는 비판을 받고 있다. 분배의 문제, 빈곤의 양극화, 기회의 불평등이 대표적이라 하겠다. 물론 공동체주의 역시 개인의 자유로운 사고와 삶의 방식을 제한할 위험이 있다는 비판을 받고 있다. 공동체에 의한 자아의 구속성, 획일적인 가치관의 강요 등으로 전체주의적 사회가 형성될 가능성이 있다는 것이다.

불교의 입장에서 보면 자유주의와 공동체주의 간의 논쟁은 매우 싱거운 문제로 보인다. 서구의 이원론적 사유와는 달리 개전여일個全如一의 문제는 불교 교리에서는 지극히 일반론적이다. 붓다의 기본 사상인 연기론과 중도 사상의 틀에서 보면 '자유주의적 공동체'라는 결론이 자연스럽게 도출된다. 동시에 '공동체적 자유주의'라는 결론도 자연스럽다. 즉 사람은 독립적인 인격을 지닌 자유로운 존재인 동시에 다른 사람과 함께 살아가는 공동체적 존재이다. 오늘날 자유주의적 공동체를

붓다의 정치철학 탐구

구현하기 위한 불교의 가치 덕목은 무엇인가? 그리고 이를 구체적으로 실천할 수 있는 실천윤리의 방향은 무엇인가?

이러한 불교적 성찰은 연기론에서 자연스럽게 우러나는 '자비 정신' 이다. 이러한 자비 정신을 현대사회에 구체적으로 적용해 덕목으로 치환해 보면 바로 '연대 의식'이라고 볼 수 있을 것이다. 연대 의식은 공동체 구성원이 함께 살아간다는 것을 인식하고 공통으로 가지는 귀속의식이라 할 수 있다. 이러한 연대 의식을 키우고 실천하기 위해서는 자비 실천의 구체적 방안이 제시되어야 할 것이다.

2. 민주주의
-붓다의 공화사상과 칠불쇠법

오늘날 민주주의만큼 인문사회과학과 정치적 일상생활에서 중요한 주제가 되어온 이념은 아마도 없을 것이다. 민주주의는 개념 조작만 하면 누구나 들고 다닐 수 있는 '여행용 가방'이라는 평가도 받고 있다. 노예제에 기초를 둔 고대 그리스 사회에서 남성 시민들의 '직접 지배'의 형태로 시작된 민주주의는 자본주의 사회의 출현과 함께 봉건제에 대항하는 이데올로기로 등장한 이래 모든 사람이 동의하는 이상과 이념으로 자리 잡게 되었다. 오늘날에도 민주주의 이상을 실천하기 위해 지구촌 곳곳에서 다양한 노력과 투쟁이 전개되고 있다.

오늘날 민주주의의 모태라고 할 수 있는 근대 민주주의는 부르주아 시민계급의 이데올로기였다. 절대주의의 전제정치에 항거한 부르주아 혁명의 이데올로기는 자연권 사상을 바탕으로 하는 사회계약설이었고, 이것이 자유와 평등을 보장해야 한다는 근대 민주주의의 원리였다. 이러한 근대 민주주의는 인권보장은 물론 정치참여의 폭을 서서히 확대하는 과정을 통하여 현대 대중민주주의 규범 체계를 형성하기에 이르렀다.

일반적으로 민주주의는 인간 존엄성, 자유와 평등 및 이들의 상호

붓다의 정치철학 탐구

조화를 근본이념으로 한다. 그리고 운영 원리로 정치참여, 대의제도, 다수결 등을 들 수 있다. 그러나 사회 변화에 따라 이러한 근본이념과 운영 원리에 다양한 시각과 강조점이 등장하고 있다. 이와 함께 각기 참민주의라고 주장하는 많은 경쟁적 모델이 등장하고 있다. 오늘날 민주주의는 단일안으로 합의된 정형이 없는 실정이라고 할 수 있다.

지금까지 인류가 만든 가장 바람직한 정치 형태로 평가받는 민주주의가 오늘날에는 위기를 초래하는 원인이라는 담론도 등장하고 있다. 위기의 가장 큰 원인은 바로 '대의민주주의'의 문제이다. 대의민주주의의 가장 큰 문제점은 대표자와 다수 시민 유권자 간의 입장과 의견이 일치하기 어렵다는 점이다. 그래서 현대의 대중 민주주의는 다수의 이름을 빌린 소수자에 의해 좌우될 가능성이 크다는 것이다.

이러한 문제점을 극복하기 위하여 절차적 민주주의, 참여 민주주의, 심의 민주주의 등이 등장하고 있다. 절차적 민주주의는 민주적 절차가 준수된다면 어느 정도 민주주의가 실현되었다고 보는 입장이다. 절차적 규범으로는 토론, 투명성과 비판과 관용과 타협의 정신, 다수·소수결 원리 등을 들 수 있을 것이다. 이러한 규범들이 여러 정치적 제도와 과정에 구현될 때 절차적 민주주의는 실현된다. 그리고 참여 민주주의는 시민이 입법과 정책 수행에 직접 참여하여 영향을 미치고자 하는 것이다. 시민이 각종 자문위원회나 공청회, 청문회에 참여하는 것은 물론, 시민운동에 참여하고 국민 감사나 쟁송을 제기하는 행위를 한다. 심의 민주주의는 사회적 쟁점에 대해 열린 토론과 깊이 있는 심의 과정을 중시한다. 다양한 이해관계와 서로 다른 정치적 관심을 가진

제4장_현대 정치 이념의 불교적 성찰

시민과 공직자, 전문가들이 논의하는 공적 담론의 장에서 국민은 상호 이해를 높이고 갈등을 줄일 수 있으며, 공직자들은 보다 효과적이고 수준 높은 정책 결정을 위한 자료를 확보할 수 있다. 이러한 심의 과정은 정치적 신뢰를 높이고 사회적 통합을 위한 공감대를 확장하는 역할을 할 수 있을 것이다.

최근에는 정보화 시대의 도래와 함께 전자電子 민주주의에 대한 논의가 다양하다. 전자 민주주의는 전자 매체를 통해 시민이 직접 참여하는 민주주의를 가리킨다. 즉 인터넷을 통해 직접민주주의를 실현하는 것이다. 전자 민주주의를 광장이라는 뜻의 '아고라agora'의 부활로 보는 긍정적 전망과 감시하기 쉬운 원형 감옥이라는 뜻의 '판옵티콘panopticon의 재현'이라는 부정적 전망도 있다. 이러한 문제는 구성원의 민주 시민 역량에 의해 좌우될 것이다.

민주주의는 결코 어떤 곳에서도 완전한 형태로 실현된 적이 없으며 불완전에서 완전으로 나아가는 과정에 있는 이념으로 볼 수 있다. 민주주의는 매우 까탈스러운 아가씨에 비유될 수 있다. 또한 민주주의는 온실에서 자라는 식물처럼 알맞은 토양과 주변 환경이 갖추어진 곳에서 그 꽃을 피울 수 있다. 한 나라에서 민주주의가 성장하고 성숙하기 위해서는 문화, 경제, 역사, 안보 등 여러 조건이 필요하다.

필자는 조건들 중에서 제일 중요한 것이 정치 문화적 조건이라고 생각한다. 쉴즈E. A. Shils는 민주주의를 가능케 하는 정치 문화적 조건을 다음과 같이 제시하고 있다.[43] 즉 씨족이나 촌락을 초월하는 국민의식, 공공업무에 대한 국민의 관심, 정부의 정통성에 대한 신념과 합의,

인간 존엄성에 대한 의식과 개인의 권리 의무에 대한 의식, 정치적 가치와 제도에 대한 국민적 합의, 자기의 역할과 사명에 대한 과대망상을 억제하는 일반화된 상식 등이다. 위의 조건을 생각해보면 한국 정치 현실의 원인이 자명해진다. 여기에 불교가 한국의 민주주의를 성숙하게 발전시킬 과제가 자연스럽게 등장한다.

민주주의와 불교는 매우 친화력이 높다. 붓다가 출생한 나라는 공화정 성격이 강한 나라로 추정된다. 또한 불교의 승단 조직과 운영은 어느 종교에 비교할 수 없을 정도로 민주주의적 요소를 찾을 수 있는 내용이 매우 많다. 민주주의는 궁극적으로는 '바람직한 정치공동체'를 만드는 원칙과 그 실천이라고 할 수 있다. 이러한 바람직한 공동체를 정확히 나타내는 불교 경전《유행경》의 내용을 보면 붓다의 정치관이 얼마나 민주적인가를 선명하게 보여주고 있다.

붓다 재세 시 중인도에서 가장 강력한 나라인 마가다국의 아자따삿뚜왕Ajātasattu, 阿闍世王은 작지만 강한 부족국가 밧지국을 침략하고자 하였다. 그는 전쟁에 앞서 대신 우사를 기원정사에 보내 부처님께 의견을 구한다.

"밧지국을 공격하고 싶은데 우리가 이기겠습니까?"

붓다는 직답을 하는 대신 옆에 있는 아난에게 오히려 질문한다.

"아난아, 밧지국 사람들이 자주 모여 의논하여 정사를 결정한다고

---

43 E. A. Shils, *The Political Development of the New States*, Hague: Mouton, 1964, p. 34.

제4장_현대 정치 이념의 불교적 성찰

들었느냐?"

아난이 답한다.

"예, 부처님, 그렇게 들었습니다."

"아난아, 그렇다면 그 나라는 날이 갈수록 왕성하여 오래도록 안온할 것이니 빼앗거나 해치지 못할 것이다."

이 질문을 비롯하여, 붓다가 던진 7가지 질문을 바탕으로 만들어진 것이 바로 유명한 '칠불쇠법七不衰法'이다. 이 칠불쇠법을 현대적 의미와 용어로 해석하면 다음과 같이 정리해 볼 수 있을 것이다.

- 의견이 다른 사람들이 자주 소통하고 공감하고 있는가?
- 공직자들이 서로 화합하여 국민을 섬기는가?
- 모든 사람이 법과 규칙을 지키고 예를 따르는가?
- 부모에게 효도하고 스승과 어른을 대접하는가?
- 조상을 숭배하고 바람직한 전통문화를 보존, 계승하는가?
- 가정이 행복하고 가정 윤리가 제대로 준수되는가?
- 윤리와 정신문화에 대한 이해가 높은가?

붓다는 질문을 마치고 왕사성에 흩어져 있던 제자들을 불러 이와 결이 비슷한 유형의 질문을 던져 불교 공동체가 쇠퇴하지 않을 7가지 조건을 제시한다. 그리고 제자들과 작별하고 80 노구를 이끌고 쿠시나가라까지 열반의 여정을 떠난다. 이렇게 만들어진 칠불쇠법은 붓다에게

붓다의 정치철학 탐구

서 민주주의 근간인 공화주의자의 체취를 강하게 느끼게 한다.

공화주의는 개인의 사적 권리보다는 시민으로서 갖춰야 할 덕을 강조한다. 또한 시민들이 덕을 가지고 정치 활동에 적극적으로 참여하고, 이 과정에서 공공선에 대한 헌신 속에서 개인의 자유를 실현하는 것이 중요하다고 본다. 공화주의는 민주주의가 일련의 절차적, 제도적 장치만으로는 제대로 작동하고 발전하기 어렵다는 문제의식에서 출발했다고 볼 수 있다. 이것은 적극적 시민으로서 정치에 대한 참여와 선출된 공직자의 시민에 대한 사회적, 도덕적 책임성의 윤리를 강조한 것이다. 자유주의가 경쟁의 논리에 비중을 둔다면 공화주의는 참여의 윤리를 중요하게 내세운다.

불교와 정치의 관계에서 붓다의 공화주의적 태도는 우리에게 나침판 역할을 하고 있다고 할 수 있다. 불교의 긴 역사 속에서 불교와 정치의 관계는 부정적인 요소가 많았다. 그 부정적인 사례는 불교국가 전역에 걸쳐 나타나고 있다고 볼 수 있다. 대표적인 사례가 바로 일본이다. 프랑스 불교학자 폴 드미에빌은 그의 저서《불교와 전쟁》에서 다음과 같이 적고 있다.

불교는 봉건체제일 뿐만 아니라 사회 그 자체다. 종파들과 황실 사이에서, 종파들과 봉건 영주들 사이에서, 종파들과 종파들의 무력 충돌은 다반사로 이들은 손에 손을 잡고 전쟁터에 뛰어들어갔다.

11세기 일본의 승병 세력은 매우 컸으며 그 폐해도 많았다. 일본불교가 제2차 세계대전의 와중에서 종교적 동원을 통해 군국주의 확장에 힘을 보탰다는 것은 자연스러운 것이기도 하다.[44] 국가와 불교의 관계에서 불교의 많은 치부가 감춰져 있음이 명백하다.

오늘날 불교가 민주주의 발전에 어떻게 기여할 것인가의 문제는 매우 무거운 주제다. 불교 승단이 현실 정치와 직간접으로 얽혀 있는 경우가 많기 때문이다. 민주주의 발전과 성숙을 위한 불교의 역할은 먼저 용기가 필요하고 그 다음으로 지혜가 요구된다고 본다.

---

44 베르나르 포르, 김수정 역 《불교란 무엇이 아닌가》 그린비출판사, 2014, pp. 149-150.

3. 자본주의
—불교 경제윤리의 실천

　오늘날 자본주의는 어느 다른 이념보다 막강한 영향력을 행사하고 있다. 그만큼 많은 논란의 대상이 되고 있기도 하다. 돈을 바라면서도 돈을 비난하듯이. 자본주의는 16세기 무렵부터 지리상의 발견과 교역 확대 등으로 상업이 발전하기 시작하면서 유럽의 봉건제 속에서 싹트기 시작하였다. 국가 간의 교역과 교환경제의 확장은 자급자족적인 봉건제를 허물고 시장에서의 교환을 중심으로 하는 자본주의 경제로 전환하기 시작하였다.

　자본주의가 출현하게 된 사상적 배경으로는 자유주의와 자본주의 정신을 들 수 있다. 자유주의는 사유재산과 경제적 자유의 보장을 토대로 하는 자본주의 사상의 배경이 되었다. 자유주의의 영향으로 부르주아는 법 앞의 평등을 비롯한 개인의 다양한 정치적 자유를 의미하는 시민적 자유권과 경제적 자유권을 요구하였다. 이렇게 자본주의는 자유 시장경제라고 불릴 정도로 자유의 가치를 바탕으로 하고 있다. 경제활동의 자유는 경쟁을 통해 생산성 향상과 자율성과 창의성을 발휘할 기회를 제공한다. 또한 자유권의 핵심인 사적 소유권을 철저히 존중하고 있다. 이처럼 자본주의에는 자유라는 도덕적 가치가 내재되어 있다.

자본주의 윤리는 무엇인가? 당시 유럽 사회에서는 중세 교회의 영향으로 이윤 추구에 부정적이었다. 그러나 칼뱅은 "상인의 이윤이 자신의 근면과 부지런함에서 오는 것이 아니라면 도대체 어디에서 오는 것이란 말인가?" 하고 물으며, 절약과 근면을 통한 부의 축적은 하느님의 영광에 이르는 방법이라고 주장하였다. 이러한 칼뱅의 주장은 개인의 이윤 추구를 통한 자본의 축적을 도덕적으로 정당화하였다. 금욕적 생활과 직업에 대한 소명의식을 바탕으로 한 자본축적의 정당화는 서구 자본주의를 발전시킨 정신적 바탕이라고 할 수 있다. 이렇게 형성된 자본주의는 시대 변천에 따라 상업자본주의, 산업자본주의, 수정자본주의, 신자유주의 등의 다양한 형태로 나타났다.

자본주의는 물질적 풍요, 정치 발전 등 사회진보에 많은 역할을 하였지만, 비판도 많이 받고 있다. 자본주의는 효율성은 있지만 정의롭지 못하다는 비판과 함께 '보이지 않는 손'에 대한 신뢰도 많이 훼손되었다. 또한 빈부격차가 벌어지는 불평등 현상에 대한 비판이 거세지고 있다. 이러한 현상은 초기 자본주의에서도 심각한 문제로 등장하였다. 빈부격차가 벌어지면서 사회 계층 간의 갈등 문제도 빈발했다. 경제가 발전되고 성장했지만, 불평등은 개선되지 않고 오히려 심화되니 계층 간의 상호불신과 갈등의 골이 깊어진다. 한국사회에서도 금수저니 흙수저니 하는 용어가 크게 회자되고 있다. 이러한 계층 간의 대립과 갈등은 공동체의 통합을 붕괴시키는 요인으로 등장했다.

이러한 자본주의 문제점을 극복하기 위해 자본주의 경제의 윤리적

붓다의 정치철학 탐구

과제가 등장한다. 자본주의 제도의 기본 원리가 되는 사유재산권의 윤리, 이윤 추구의 윤리, 경쟁윤리의 문제들을 거론한 것이다. 사유재산권의 윤리성이 가지는 특성은 개인적 권리와 사회적 요구 간의 적절한 균형에서 찾아질 수 있다. 사유재산권은 사회정의 등과 같은 윤리적 목적을 위한 수단으로 선택될 때 개인적 성격을 초월하며, 재산권의 획득과 사용에서 사회적 제약을 불러온다. 사회 전체의 후생과 개인적 소유의 신장과 보호라는 양면적 속성을 지니고 있다. 두 번째인 이윤 추구의 윤리성은 자본주의에 대한 이윤의 부당성에서 출발한다. 즉 이윤을 노동의 착취와 불공정 거래를 통하여 얻어지는 것이라고 본다. 한편 정의론적 시각에서 보면 이러한 이윤은 분배 정의 실현을 방해하거나 정의 자체를 침범하는 것으로 본다. 이러한 이윤 추구의 행위와 윤리의 문제를 어떻게 조화시킬 것인가에 대한 과제가 등장한다.

세 번째가 경쟁윤리의 정립이다. 자본주의에서 자유경쟁은 자원의 효율적 배분과 기업가적 정신의 발휘에 필수적인 조건으로 간주된다. 적자생존으로 표현되는 사회진화론Social Darwinism은 경쟁의 존재 이유의 형태를 가장 잘 나타내고 있다. 협동과 상호부조를 강조하면서 다원적인 사회진화론에 반대하는 이론도 많다. 대표적인 것이 크로포트킨P.A. Kropotkin의 상호부조론이다. 크로포트킨은 생물학자로서 아나키즘을 주창한 사람이다. 경쟁윤리의 문제는 결국 개인과 공동체의 관계로 연결된다. 오늘날 경제윤리의 궁극적 귀착점을 제시하는 기본 틀은 분배 정의의 틀로 이행되고 있다고 할 수 있다.

그러면 불교와 자본주의는 어떠한 관계가 있을까? 불교를 상인의 종교, 도시의 종교로 표현하기도 한다. 이것은 불교 탄생 무렵 인도 사회의 특성과 관련되어 있다. 정치·경제적으로 왕권이 바라문을 압도하기 시작하였고, 장자라고 하는 거대 부호들이 등장하는 격변의 시대였다. 장자라는 새로운 계층은 기존의 바라문교를 거부하고 자신들의 지위를 강화하기 위하여 불교와 같은 신흥 종교를 전폭적으로 지원하였다. 왕들 역시 바라문 중심의 사회를 왕권 중심의 사회로 바꾸고자 하는 열망으로 신흥 종교를 지지하고 후원하였다. 경전을 보면 붓다는 많은 장자와 왕들을 만난다. 이들은 중요한 포교의 대상이면서 동시에 붓다의 후원자이기도 하다. 붓다는 돈을 홀대하지 않았다. 재가자에 대해서는 돈의 중요성을 강조하기도 하였다.

잡아함 48권 1283경 《기능경》에 나타난 사례를 보자. 붓다가 기원정사에 계실 때 한 젊은이가 찾아와 돈을 벌고 재산을 관리하는 법을 물었다. 붓다는 이렇게 가르쳐 주었다.

"우선 일을 잘하는 법을 배워야 한다. 그리고 재물을 모으게 되면, 그것을 넷으로 쪼개서 관리하는 것이 좋다. 즉 한 무더기로는 먹고사는 데 쓰고 두 무더기로는 생업을 위해 이윤을 얻는 일에 쓰고 나머지 한 무더기는 곤궁할 때를 대비해 저축해 두는 것이 좋다. 생업을 위해 이윤을 얻을 수 있는 일에는 여섯 가지 직업이 있다. …… 이러한 직업에 힘을 다해 열심히 일한다면 돈을 모아 안락하게 살아갈 수 있으리라. 이렇게 재물을 구한다면 모든 물이 바다로 모이듯, 꿀벌이 꿀을 모으듯 재산이 불어날 것이다. 재산이 불어나면 자연히 사람도 많이 모여들 것이지만, 그렇지 못하면 사람들도 찾아오지 않을 것이다. 성공한 사람의 그늘에 사람이 모여들면 그들을 친형제처럼 거두고 받아들여야 한다. 그들에게 이익을 골고루 나누어주면 목숨이 다한 뒤에는 천상에 태어나 즐거움을 누리게 되리라."[45]

 위 경전의 내용을 보면서 필자는 붓다의 세간사에 대한 치밀한 관심에 놀라움을 금치 못했다. 2,500년 전에 막스 베버의 자본주의 윤리와 비슷한 내용을 제시하고 있으니 말이다. 불교 경제학에 해박한 지식을 가진 태국 프라유드 파유토 스님의 저서《붓다의 경제코칭》을 통해 붓다의 경제관을 살펴보자.[46] 세간의 통념과는 달리 불교에서는 부자가 되고 싶은 인간의 욕구가 자연스러운 것으로 인정한다. 불교 경전 어디에서도 가난을 칭찬하거나 장려하지 않았다. 붓다는 부자가 되면 안 된다거나 부자가 되고 싶은 욕망을 일으키면 안 된다고 말한 적이 없다. 중요한 점은 부富 자체가 칭찬이나 비난을 받을 일이 아니라, 자신이 어떤 행동으로 부를 이루고 어떻게 활용했는가를 중요시했다. 문제는 부에 이르는 올바른 길을 알지 못할 때 생긴다.

 불교 경제학에서 말하는 중도는 넓게 해석하면 자기 자신과 남을 해치지 않는 것이다. 세상 속에서 자신의 가능성을 향상시키며, 조화롭게 성장하는 삶을 지향하는 것이 바로 붓다의 경제관이다. 신기한 일이다. 오늘날 자본주의 경제윤리의 핵심이라고 보는 내용이 이미 다

---

45 홍사성《한 권으로 읽는 아함경》pp. 178-179.
46 프라유드 파유토, 김광수·추인호 역《붓다의 경제코칭》서울, 민족사, 2019 참고.

제시되어 있다. 나아가 부를 통해 하화중생과 자비수행의 길을 제시한다. 돈이 주인이 되어 물신주의에 빠진 오늘의 사회에 붓다의 경제관은 큰 해독제 역할을 할 것이다.

4. 사회주의
─자유의 평등화와 중도의 길

사회주의 운동의 사상적 기원은 고대 사회에서부터 다양하게 나타났다. 통치 계급의 재산 공유와 국가에 의한 자녀의 공동 양육을 중심으로 한 플라톤의 '이상사회', 공동 작업을 토대로 소박한 생활을 강조했던 초기 그리스도의 삶의 양식, 공동생산과 공동분배 제도를 토대로 한 토머스 모어Thomas More의 유토피아 사상 등을 들 수 있다.

근대 사회주의의 등장은 자본주의 경제의 불안정과 빈익빈 부익부 현상으로 인한 심각한 빈부격차를 비판하면서 등장하였다. 사람들은 자유만큼이나 평등에 대한 열망을 가져왔다. 평등은 사회주의에서 가장 중요하게 생각하는 핵심 가치이다. 근대 사회주의의 대표적 유형으로는 '공상적 사회주의', 마르크스와 엥겔스의 '과학적 사회주의' 그리고 '사회민주주의' 등을 들 수 있다.

공상적 사회주의자들은 자본주의의 문제점을 비판하면서 평등, 조화, 이타적 행위 등에 기초한 공동체를 건설하고자 하였다. 특히 프랑스의 생시몽, 푸리에, 영국의 오언 등은 당시의 억압적 사회구조를 타파하고 평등을 추구하는 이상사회를 실현하고자 하였다. 이들은 산업사회의 물질적 기반을 부정하지 않고 산업사회의 기반 위에서 대중 교육 활동 등을 통해 새로운 사회의 원리를 구상하면서 사회주의 이상을 실현할 수 있다고 보았다. 마르크스는 이것을 구체적 사회 개혁이 없다는 이유로 공상적 수준이라고 비판하였다.

반면 마르크스는 자신의 사상을 '과학적 사회주의'라 표현하였다. 그는 자본가와 노동자 사이의 계급투쟁으로 자본주의는 붕괴하고, 프롤레타리아 독재를 거쳐 계급 없는 사회가 필연적으로 도래할 것이라고 주장했다. 바로 유물사관이다. 마르크스는 〈공산당 선언〉을 통해 인류의 모든 역사를 계급투쟁의 역사로 규정하고, 자본주의는 부르주아와 프롤레타리아 계급투쟁으로 필연적으로 붕괴한다고 주장했다. 즉 자본주의가 고도로 발달한 사회는 부르주아의 과도한 이윤추구와 프롤레타리아의 실업과 빈곤의 심화로 인해 프롤레타리아 혁명이 일어나면서 자본주의는 필연적으로 붕괴할 수밖에 없다는 것이다. 이러한 마르크스의 사상은 러시아의 레닌에게 영향을 주어 러시아 혁명을 이끈 사회주의의 가장 대표적인 사상적 배경이 되었다. 소련 중심의 사회주의는 공산주의라는 이름으로 다양한 형태의 사회주의를 등장시켰다.

제1차 세계대전이 끝날 무렵 급진적 혁명론을 주장한 공산주의자와 달리 점진적인 사회 개혁론을 주장하는 사회민주주의가 출현하였다. 서구 사회주의자들은 '사회민주주의 인터내셔널'을 결성하고 '프랑크푸르트 선언'을 통해 사회민주주의를 주창하였다. 사회민주주의는 소련식 사회주의의 폭력성을 비판하고 민주적 방법으로 사회주의의 이상을 추구하려는 사상이다. 민주적인 의회 활동을 통해 사회주의적 이

　　　　　　　　　　　　　　　　　　　　　붓다의 정치철학 탐구

상을 실천하고자 했던 사회민주주의자들은 공유제를 바탕으로 농업, 수공업, 소매업, 기업 등 중요한 부분의 사적 소유를 인정하였다. 사회민주주의는 서구 복지 자본주의 발전에 이바지하였다.

소련을 비롯한 동유럽 사회주의 국가는 계급 없는 평등 사회라는 유토피아적 목표를 실현하는 데 실패하였다. 사회주의의 경제적 비효율성은 사유재산을 인정하지 않고 개인의 자유와 창의성을 외면한 데서 비롯되었다. 소련을 비롯한 동구권의 옛 사회주의 국가들은 시장경제 질서에 적응해 나가고 있으며, 이러한 현상은 중국도 마찬가지이다. 이러한 현상을 두고 사회주의가 자본주의에 패배했다고 주장하는 학자들도 있다. 그러나 오늘날 사회주의 실험이 실패로 끝났음에도 불구하고, 자본주의는 금융 위기, 경기 침체, 부의 양극화 등 많은 문제를 안고 있다. 사회주의의 몰락을 단순히 자본주의의 승리로 본다면 자본주의 역시 유사한 몰락의 길을 걷게 될 것이다. 자본주의가 지속가능한 경제체제가 되려면 평등의 가치를 중시하는 사회주의의 이상을 수용해야 할 것이다.

사회주의와 불교의 관계는 어떠한가? 불교는 연기법으로 모든 존재를 똑같이 소중하게 여기면서 차이를 존중하는 매우 높은 수준의 평등관을 가지고 있다. 또한 자유는 추상성이 높은 반면에 평등은 일상생활에서 구체적으로 체감하기 쉽다. 부자유보다는 불평등이 더욱 사람을 분노케 만든다. 그리고 사회주의와 불교를 친화적으로 보는 시각도 많다. 그런데 그 사회주의가 어떤 종류의 사회주의인지 명확하지 않은 경우가 많다. 중도의 이념을 지닌 불교는 자본주의에 대해 그렇듯 마르크스주의적 경제 모델에 대해서도 양가적兩價的 입장을 취한다고 생각된다. 불교 경제학자들은 자본주의 체제는 자유와 창발성에 바탕을 둔 열려 있는 경제체제인 동시에 인간의 소유욕과 탐욕으로 생명을 유지하는 체제라고 본다. 마르크스주의 경제체제는 필수적인 재화와 평등 그리고 분배에 초점을 맞추며, 탐욕과 착취를 비난하는 인본주의적인 측면이 있다. 반면에 부정적인 측면은 억압적이고 폭력적인 수단을 쓰며 증오와 갈등을 조장하면서 목적이 수단을 정당화시키고, 인간의 자발성과 창발성을 무시한다는 것이다.[47]

　오늘날 사회생태론적인 경제이론과 실천이 세계 각처에서 일어나고 있다. 슈마허E. F. Schumacher의 '불교 경제학buddhist economics', 북친 M. Bookchin의 '시장경제인가 아니면 도덕경제인가'가 대표적인 이론이고, 스리랑카의 '사르보다야 쉬라마다나' 운동이 대표적인 사례라 하겠다. 이러한 운동을 일부에서는 사회주의 운동으로 해석하는 경향도 있지만, 정확하게 말하면 자주 공동체를 구현하여 생태 친화적 도덕경제를 실천하고자 하는 아나키즘 운동이라고 볼 수 있다.

---

47 피터 하비, 허남결 역《불교윤리학 입문》씨아이알, 2010, pp. 408-412.

5. 민족주의
─민족주의를 뛰어넘는 민족주의의 길

민족주의는 인간을 각 정치공동체로 함께 뭉치게 하는 가장 강력한 이데올로기이다. 18세기 후반과 19세기를 통하여 주로 유럽에서 출발한 이데올로기지만, 모든 역사적 운동과 마찬가지로 과거에 그 뿌리를 두고 있다. 민족주의는 강력한 공통의 상징과 소속감에 바탕을 둔 통일적이고 통합적인 이데올로기이다.

민족주의의 정치적 지향성은 '민족 자치의 실현' '영토적 통합' '역사적 자기의식'의 세 가지를 꼽을 수 있다. 오늘날 민족주의는 많은 민족국가를 탄생시킨 이데올로기였으며, 계속해서 각 민족을 그 크기에 상관없이 민족국가가 되도록 추진시킬 세력으로 남아 있다. 그런데 민족주의는 보는 사람의 시각에 따라 서로 다른 의미로 해석된다. 개발도상국의 민족주의와 서구의 민족주의는 여러 면에서 차이가 있다. 그리고 민족주의의 긍정적 측면과 부정적 측면도 동시에 나타날 수 있다.

일각에서는 민족주의가 19세기 유럽의 민족 건설nation-building이나 1945년 이후 반식민지 투쟁과 관련되었던 시대착오적 유물이라는 주장도 있다. 오늘날 민족주의의 목표는 대체로 완성되었다는 것이다. 더욱이 현대국가는 국제적 정상회의나 초국가적 제도들의 중요성이 커지고 있듯이 국제주의에 의해 형성되고 있다는 것이다.

그러나 오늘날 민족주의의 존속뿐만 아니라 그 부활을 나타내는 현상도 분명해지고 있다. 영국, 스페인, 캐나다를 비롯해 아랍, 아프리카, 인도 등 광범위한 지역에서 민족주의와 분리주의 움직임이 가시화되고 있다. 1990년 동구의 변혁과 함께 전역에 걸쳐 민족주의의 부활을 가져왔다. 또한 소련의 해체와 더불어 다수의 민족주의 국가들이 독립하였다. 최근에는 러시아의 체첸 사태 및 쿠르드족의 예에서 보듯 '소민족주의' 열풍이 거세게 불고 있다. 이러한 경향은 민족주의가 과거형이 아닌 현재 진행형임을 시사한다.

민족주의를 연구하는 학자들은 예외 없이 그 양면성과 이중성을 주장한다. 도덕적인 동시에 비도덕적이고, 인간적인 동시에 비인간적인, 고상한 동시에 야만적인 것으로 묘사하면서 패러독스에 가득 찬 이념으로 본다. 민족주의의 양면성이 나타나는 것은 민족주의가 하나의 고착된 평면적 이념이 아니라 시대와 상황에 따라 역동적으로 변화하는 속성을 가지고 있기 때문이다. 민족주의는 정치적으로는 독재체제나 전체주의와도 결부될 수 있고, 경제적으로는 자본주의와 사회주의와도 결부될 수 있다. 이와 같은 민족주의와 다른 이데올로기의 결합 양상은 민족주의의 역사에서 상례화된 모습이라고 볼 수 있다.

한편으로 민족주의는 스스로의 가치체계가 결여된 공허한 관념이므로 그 자체로는 이데올로기가 될 수 없다고 비판받기도 한다. 그러나 민족주의가 비록 다른 이데올로기와 결부되기도 하고 때로는 특정 이데올로기의 정립을 합리화하기 위한 수단으로 동원되기도 하지만,

나름대로의 이데올로기적 속성을 지니고 있다.[48]

　민족주의 이데올로기가 지향하는 속성으로는 평등의 실현, 자유의 추구 그리고 자치, 자율 등을 들 수 있다. 민족주의 이데올로기로서 평등의 의미는 민족 성원에게 대등성對等性을 부여할 뿐만 아니라 조건의 충족 또는 상황의 대등성을 제공해준다고 한다. 다시 말하면 민족주의의 지향은 국제 질서에서는 부단한 변혁의 추구로서 기존 국제 질서체계의 현상 유지적 성격에 도전한다. 또한 국내 질서에서는 계층 간의 평등을 추구하는 것이다. 민족주의에 있어서 자유의 의미는 사회의 자유와 개인의 자유를 동질적인 것으로 인식하는 것이다. 그뿐만 아니라 개인적 자유의 확대를 통한 전체적 자유의 실현, 진정한 의미의 사회적 자유를 통한 개인의 자기 해방을 뜻한다.

　이러한 평등과 자유라는 이념을 추구하는 민족주의가 민주주의나 사회주의에 수렴되지 않고 역사와 더불어 한층 더 활성화되어 온 것은 자유와 평등을 현실적으로 실현시킬 자율과 자치라는 두 규범 때문이다. 민족 스스로의 힘으로 민족 성원에게 자유를 얻게 하고 평등을 실현시키는 주체적인 자결의 의지인 자율과 자치가 민족주의로 하여금 강력한 저항의 힘을 발휘하고 변동을 추구하도록 만들었던 것이다.

　세계화와 더불어 민족주의의 미래에 대해서는 다양한 논의가 있다. 미래학자들은 세계화의 물결이 궁극적으로 민족국가를 약화시키고 소멸시킬 것이라고 주장한다. 반면 국가 이론가들은 민족국가의 장구한

---

48 진덕규《현대 민족주의의 이론 구조》지식산업사, 1984, pp.43-47.

　　　　　　　　　　제4장_현대 정치 이념의 불교적 성찰

형성 과정에 주목하면서 민족국가의 몰락이라는 테제를 반대한다. 이 분법적 접근을 지양하는 절충적 시각도 있다. 세계화는 단일한 과정이 아니라 정치, 경제, 문화 등 중층적 과정으로 다양한 속도로 진행되기 때문에 민족주의와 세계화의 관계는 복합적인 모습으로 나타난다고 보는 것이다. 세계화에 따른 민족문화의 정체성에 대해서는 '문화제국주의적 시각'과 '문화다원주의적 시각'이 대립하고 있다. 이러한 상반된 시각은 모두 일면적이다. 문화제국주의의 시각이 문화의 다양성과 문화의 주체적인 수용성을 과소평가하고 있다면, 문화다원주의의 시각은 문화의 수용에 내재한 자본의 논리와 권력관계의 재생산을 과소평가하고 있다.

이와 같이 민족주의와 불교와의 관계를 그려보려 하니 언뜻 샤카족의 멸망에 비통해하는 붓다의 모습이 눈에 선하다. 붓다는 코살라국의 위두다바 왕자가 샤카족을 멸족시키기 위해 행군하는 길목에 서서 세 번이나 일종의 1인 시위를 하면서 위두다바 왕자를 설득하였다. 그러나 네 번째에는 샤카족이 지은 악업을 피할 수 없음을 알고 개입하지 않았다. 샤카족의 멸망을 들은 붓다는 머리에서 김이 날 정도로 고통스러워했다고 한다. 이런 사례를 든 것은 민족주의는 혈연의 관계에서 출발하기 때문에 그만큼 원초적이고 통합력이 강함을 강조하기 위함이다. 그런데 혈연이 대개는 실제적 혈연이 아니고 상징적이고 조작된 혈연이 많다. 그냥 같은 혈연이고 민족이라고 믿는 것이다. 그래서 많은 정치 엘리트들은 이를 이용하고자 하는 유혹을 받기도 한다.

민족주의와 불교의 관계 양상은 매우 다양하다. 긍정적인 측면도 있

붓다의 정치철학 탐구

고 부정적인 측면도 있다. 한국불교와 민족주의와의 관계는 긍정적이라고 생각한다. 민족 공동체가 위기에 빠졌을 때 한국불교는 그 위기를 극복하기 위해 노력했다. 한국불교는 외세에 대항하여 민족 공동체를 지키려고 애썼지만, 타자를 해치고 침범하는 민족주의에는 동참하지 않았다. 또한 붓다의 교리를 민족주의로 오염시켜 그 보편성을 훼손시키지도 않았다. 반면 일본불교는 민족주의의 대표적인 부정적 사례로 볼 수 있다.

일본불교의 민족주의적 성격에 대해서는 1980년대에 일본의 불교학자들에 의해 제기된 '비판불교'라는 이름으로 통렬하게 비판되었다. 비판불교의 주창자들은 불교 전통, 특히 동아시아 불교 전통 자체를 주로 비판하고 있다. 이에 대한 구체적 논의는 이 책의 관심사가 아니다. 다만 필자가 관심을 가지는 것은 일본 사회의 군국주의, 부라쿠민 부락민 차별이나 여성 차별 같은 것이 일본불교와 밀접한 관계가 있다는 것이다.

비판불교 운동에서 주요 비판의 대상은 토착 철학, 즉 지연地緣을 중심 기반으로 한 장소場所 철학 사상이다. 장소 철학이 조화의 정신이라는 미명 아래 온갖 연緣에 따른 사회적 차별을 정당화한다고 비판한다. 일본이라는 장소에서 배양된 왜곡된 불교가 일본의 자민족 중심주의를 정당화하는 도구로 이용되고 있다고 비판한 것이다. 따라서 불교로 상징되는 보리수나무에 철저한 가지치기를 하여야 한다고 주장한다.[49]

---

49 Jamie Hubbard 외 1인, 류제동 역《보리수 가지치기 - 비판불교를 둘러싼 폭풍》씨아이알, 2015, 서문 참조.

또한 불교가 일본 군국주의의 앞잡이 역할을 한 대표적인 사례가 바로 한국을 대상으로 일어나기도 했다.[50]

---

50 이치노혜 쇼코, 장옥희 역 《조선 침략 참회기》 동국대 출판부, 2013 참고.

붓다의 정치철학 탐구

6. 파시즘
―집단과 독선의 신화를 넘어

　파시즘fascism이나 파시스트fascist라는 용어는 대개 경멸적으로 사용되거나 정치적 욕설로 사용되기도 한다. 파시스트와 독재자는 마치 동의어처럼 사용되어 비관용적 또는 비자유주의적 견해를 지닌 사람을 일컫는 용어이다. 제2차 세계대전이 파시즘과 민주주의 대결이었고, 결국 추축국인 독일, 이탈리아, 일본의 패배로 파시스트의 비행과 잔학성이 폭로되었다. 오늘날 파시즘이란 일반적으로 극우 정당 그리고 군부, 관료 중의 반동분자에 의해 일당독재가 자행되고, 입헌주의와 의회주의가 부인되는 것으로 이해된다.

　파시즘은 특정 집단의 우월성에 대한 신화적 신념을 중심으로 한 강력한 인종주의, 민족주의, 군사주의 그리고 팽창적 제국주의와의 결합으로 볼 수 있다. 파시즘은 포괄적인 사회, 경제 그리고 정치이론에 근거하고 있다는 점에서 전체주의적 성격을 지닌다. 파시즘은 단순한 지배체제가 아니라 하나의 삶의 양식으로 특징 지워진다. 파시즘의 이데올로기적 특성들은 다음과 같이 정리할 수 있을 것이다.

　첫째, 반反합리주의이다. 이성에 근거한 서구의 합리적 전통을 거부하며 인간의 비이성적, 감정적, 통제 불가능한 요소를 강조한다. 따라서 파시즘은 광신적이고 독단적인 성격을 나타낸다. 둘째, 유기적 국가 이론을 발전시켜 국가 중심주의로 나아가고 있다. 국가는 모든 정체성과 도덕성 그리고 덕이 생겨나는 준거가 된다. 국가는 그 자신의 고유한 인격과 의지를 지닌 독립된 실체가 되며 '올바름의 창조자'로서 모든 개인이 복종해야 할 대상이다. 셋째, 엘리트주의이다. 파시즘은 소위 '민주주의 오류'라고 불리는 것, 즉 '국민은 스스로 통치할 수 있는' 데에 분명한 반대 입장을 취한다. 파시즘은 단지 소수의 선택된 사람들만이 전체 사회를 위해 무엇이 최선인가를 알 수 있고, 그것을 실천할 수 있다고 본다. 이러한 점에서 파시즘은 플라톤의 '철인정치' 이념과 비교되기도 한다. 실제로 무솔리니는 자신의 사상이 플라톤 사상에 근거하고 있다고 주장했다. 넷째, 파시즘의 행위규범은 정치적 관계에서 힘에 의한 지배를 강조하는 폭력성을 지니고 있다. 물리적인 힘을 숭배하는 파시즘은 전쟁에 도덕적 가치를 부여하고 있다. 전쟁은 인간 삶에서 정상적인 것이며, 항구적 평화는 일종의 죄악이며, 평화를 원하는 사회는 항상 쇠퇴할 수밖에 없음을 강조한다. 이러한 사상은 니체의 사상과 어느 정도 맥락을 같이한다고 할 수 있다. 히틀러는 힘이 곧 정의를 만들어내며 강자가 약자를 자유롭게 지배한다는 니체의 신념에 매료되었다고 한다. 다섯 번째, 민족적 우월성을 강조하는 인종주의이다. 특히 독일의 파시즘은 인종주의에서 극단적 성향을 보여준다. 게르만 민족의 우월성은 수백만의 유대인 학살로 나타났다. 일본의 파시즘도 인종주의적 성격이 강했다. 선민신화에 의존하는 종족주의는 속죄양을 만들어 돌파구를 찾는다. 현실이 신화에서 빗나갈 경우

붓다의 정치철학 탐구

발생하는 긴장을 실제 혹은 가상의 적을 통해 발산시키는 것이다.

이러한 파시즘의 연원은 문명의 시작과 더불어 나타났다고 볼 수 있다. 즉 지도자 숭배, 이방인에 대한 두려움, 자기희생, 비이성적인 것에 대한 찬미의 역사는 매우 길다. 오늘날의 파시즘은 하나의 근대적 현상이며, 말살하고자 원하는 것의 존재를 전제로 한다. 혐오는 파시즘 에너지의 원천이다. 파시즘은 자유주의와 사회주의, 합리주의와 물질주의 모두가 생명력과 권력에의 의지를 고갈시켜버린다고 비난한다.

파시즘은 개인의 자유를 필요로 하지 않으며, 평등의 이념을 경멸하고 박애라는 보편주의적 관념을 비웃는다. 토마스 만Thomas Mann의 《파우스트 박사》에 등장하는 전위적 작곡가가 베토벤의 9번 교향곡을 '철회'하기 위해 악마와 계약을 맺듯이, 파시즘은 계몽주의와 프랑스 혁명의 진보적 유산을 말살하기 위하여 모든 수단을 동원했다.[51]

근래에는 파시즘이 새로운 옷을 입고 등장하고 있다. 즉 '신파시즘'이라 불리는 집단들이 세계 각지에서 출현하고 있다. 이러한 신파시즘 경향은 독일, 이탈리아, 미국, 일본 등지에서 부활하고 있다. 파시즘이 상징하는 이데올로기적 함의를 결코 과소평가해서는 안 된다. 과거에는 경제적 후진성, 정치적 불안정을 극복하고 변화시키기 위한 민족주의적 동원 심리가 파시즘의 온상이었다면, 현재의 파시즘은 '과거의 향수' '강대국 병' 등 보수 반동적 심리가 토양을 제공하고 있다. 이와 함께 '우리 안의 파시즘'에 대한 우려도 커지고 있다. 사람들을 자발적으

---

51 스티븐 에릭 브론너, 유홍림 역《현대 정치와 사상》인간사랑, 2005, p.166.

로 굴종하게 만드는 교묘하고 고도화된 은폐 조작술에 마취되는 일상의 파시즘에 대한 경계가 절실하다고 하겠다.

네오파시즘이 종교의 외피를 쓰고 등장하기도 한다. 일부 이슬람 국가와 미국 등지의 극우 집단들 사이에서는 네오파시즘이 종교의 외피를 두르고 은밀히 행세하고 있다. 일찍이 1920년대에도 천주교 신앙과 새로운 로마 건설의 꿈을 결합시키려는 노력이 '성직자 파시즘clerical fascism'으로 나타나기도 했다. 물론 종교적 근본주의가 파시즘이나 네오파시즘에 대한 기존 관념으로 환원될 수는 없다. 그러나 근본주의와 권위주의 사이에 '선택적 친화력'이 존재하는 것은 분명하다. 양자는 공동체에 대한 유사한 관념을 공유하며, 근본주의도 근대 개인주의 및 타자와의 진정한 관계를 부정한다. "근본주의가 하나의 권위, 그것이 성경, 교황, 이슬람 혹은 유대교의 율법이든 그 권위에 대한 신념을 공유하지 않는 사람과 의논하거나 어떠한 문제를 해결한다는 것은 불가능하다"라는 주장은 과장이 아니다.[52]

지금 한국의 민주주의는 거리의 민주주의라고 할 수 있다. 거리와 광장에 민주주의 함성이 펄럭이는 깃발 속에 울려 퍼진다. 근대 민주주의의 첫 시동은 프랑스 혁명에서 보듯 거리에서 시작되었다. 그러나 의회 민주주의가 성립된 후 민주주의가 거리에 나온다면 그것은 바로 민주주의 위기임을 나타내는 것이리라. '거리 민주주의'에는 파시즘의 세균이 침투할 가능성이 매우 크다. 이 글에서 말하는 파시즘은 정

---

52 위의 책, p.188.

치 이념이 아니라 사람들의 잠재의식과 일상적 삶의 양식 속에 웅크리고 있는 파시즘적 성향이다. 군중 속에 서면 이분법적 사고 틀에 빠지기 쉽고, 대상을 단순하게 보도록 만든다. 증오의 대상이 명확해지고 증오의 용어에 익숙해진다. 영웅이 등장하고 조작된 상징에 흔들린다. 그래서 히틀러와 무솔리니 같은 파시스트 정치인은 대중을 광장과 거리에 나오게 만든다. 이성을 철학의 중요 과제로 삼았던 칸트조차도 군중 속에 서면 이성을 유지하기가 어렵다고 했던가.

지금까지의 역사적 경험을 보면 민주주의의 성공을 위해서는 여러 전제조건이 필수적이다. 그중에서 제일 중요한 것이 바로 민주 시민 의식이다. 이것은 민주주의 발전을 위한 '소프트웨어'이다. 민주 시민 의식의 기본 틀은 시민이 상대적 진리관을 가지면서, 타자를 존중하고 세상사에 책임감을 갖고 열린 마음으로 참여하는 것이다. 그런데 붓다의 가르침, 즉 연기법과 무아 그리고 자비 사상이 바로 민주 시민 의식의 핵심이다. 그래서 붓다의 가르침을 민주 시민 의식의 형성에 연결하여 세간에 쉽게 다가갈 수 있도록 세속제화世俗諦化하고 이를 널리 알리는 작업이 필요하다. 한국불교가 한국의 민주주의 발전에 어떻게 기여할 것인가에 대한 구체적인 방안에 대한 탐색이 어느 때보다 요구된다.

7. 공동체주의
-상생적 윤리와 자기조직화

오늘날 공동체에 관한 관심이 여러 분야에서 다양한 시각으로 일어나고 있다. 근대화, 도시화가 진행되면서 공동체의 붕괴는 어쩔 수 없는 자연스러운 사회변화 과정으로 인식되었으며, 공동체의 부활은 이상주의자의 꿈으로 생각되었다. 그러나 21세기 문턱에서 공동체는 향수와 이상의 대상이 아니라 현실적인 희망으로 등장하고 있다. 이것은 개인주의를 바탕으로 한 근대화, 산업화의 틀 속에서 조건 지워진 현대인의 삶의 양식이 많은 문제점을 지니고 있다는 것을 의미한다. 이런 배경에서 공동체주의가 등장한다.

1980년대에 자유주의자와의 논쟁 속에서 등장한 현대 공동체주의자들은 기존의 자유주의자들이 주장한 정치 이론, 도덕 이론, 심리학 이론 등을 비판하면서 등장하였다. 이들은 덕과 인격의 함양, 전통과 역사의 중요성, 공동체의 복원 등과 같은 매우 유용한 도덕 교육적 개념들을 포괄적으로 제시하고 있다. 공동체주의자들은 자유주의적 윤리 이론이 다른 사람들과의 관련성을 경시하고 추상화된 자율적 개인이라는 용어들에 집착하여 관계적 존재the relational being로서 인간의 본질을 왜곡하고 있다고 본다. 나아가 도덕 생활의 영역을 이성, 권리, 의

붓다의 정치철학 탐구

지 등과 같은 추상적 개념으로 환원시키는 잘못을 범해 왔다고 비판한다. 이들은 공동체를 수단으로 보지 않고 공동체 그 자체를 소중히 여기면서 공동체를 도덕 생활의 목적 및 이상으로 여겨야 한다고 주장한다.

여기에 왜 공동체를 도덕 생활 및 이상으로 여겨야만 하는가의 문제가 제기된다. 이에는 여러 가지 논의가 가능하겠으나 제일 중요한 것은 덕의 함양과 공동체와의 관계이다. 공동체주의자들은 덕을 사회적 산물이지 개인의 이성이나 숙고로부터 나오는 것이 아니라고 본다. 공동체를 덕의 모체이며 덕이 학습될 수 있는 구체적인 방법과 방법을 제공해 주는 장소로 보는 것이다. 또한 공동체는 추상적인 도덕 원리들을 살아 있는 도덕으로 바꾸어줌으로써 구성원들에게 상세한 처방을 제시하기도 한다.

현대의 덕 윤리학자들은 한 개인이 지닌 도덕적 품성이 개인의 도덕적 행복보다 우선한다고 주장한다. 왜냐하면 도덕적으로 훌륭한 성품을 지닌 사람이라면 당연히 올바른 행동을 할 것이기 때문이다. 따라서 이들은 도덕적 품성 교육의 중요성을 강조한다. 특히 현대의 대표적인 덕 윤리학자인 매킨타이어A. MacIntyre는 공동체주의적 전통에서 덕을 강조하였다. 그는 《덕의 상실》이라는 저서를 통해 전통과 공동체 속의 자아를 강조하면서 그에 맞는 덕에 집중할 필요가 있다고 주장한다.

공동체적 윤리관을 정립하는 데 덕 윤리 외에 유효한 이론이 '배려윤리ethics of care라 할 수 있다. 배려윤리의 대표적인 주창자는 길리건 Carol Gilligan과 나딩스N. Noddings이다. 배려의 윤리는 실제적인 인간의 상호작용에 기초해 있다. 즉 배려윤리는 신이나 영원한 실체, 본질적인 인간 본성, 추측에 의해 설정된 인간 본성의 기저 구조에 의지하지 않는다. 또한 배려윤리는 페미니즘에 근거를 두고 있다. 윤리학에 대한 페미니즘적 접근은 관계를 중시하며 양육, 동정심, 공감, 배려와 같은 여성적 특성과 경험을 강조한다. 물론 배려윤리에 대한 비판도 있다. 그럼에도 불구하고 관계를 중시하고 부드러움을 강조하는 배려윤리는 공동체 구현의 윤리적 정초로 필요한 것이다.

공동체 구현에서 윤리 못지않게 주요한 것이 '자기조직화self-organization'이다. 자기조직화 이론은 노벨화학상을 수상한 프리고진Iliya Prigogine이 비평형계열 역학에서 제시한 이론이다. 자기조직화는 외부의 명령이나 법칙에 의한 것이 아니라, 내부 규칙의 생성에 따른 자유롭고 자율적인 구조 형성이라고 볼 수 있다. 개체의 자발성이 전체의 질서를 자연히 만들어낸다는 창발적인 특징이 바로 자기조직화의 프로세스다. 이러한 프로세스를 통해 자발적 질서가 구축된다. 자발적 질서는 미래 공동체의 키워드라고 할 수 있다. 자기조직화를 통해 형성된 자발적 질서는 외부로부터 부과되는 권위가 제공하는 질서에 비해 견고할 뿐만 아니라, 사람들의 필요와 더욱 밀접한 관계를 맺고 있다. 따라서 이러한 공동체적 삶의 지향은 자치 사회와 자주 관리의 구현이라는 과제와 연결된다.

오늘날 한국사회는 급격한 산업화와 도시화로 인해 민족 고유의 풍속인 향약, 두레, 계, 품앗이 등의 조직과 문화가 사라졌다. 그러나 지역 공동체는 어느 정도 유지되고 있다고 볼 수 있다. 지역 공동체가 혈연, 지연, 학연 등과 같은 연고주의에 얽매여 있다면 진정한 공동체는 아닐 것이다. 또한 정보사회가 진행되면서 새로운 형태의 공동체가 등장하고 있다. 공동체주의는 공동체를 개인들 간의 계약이나 자신의 목적을 달성하기 위한 도구가 아니라, 유대감 속에서 공동선을 추구하고 덕성과 헌신으로 결합된 장소로 본다. 이러한 공동체 의식은 가정에서부터 세계 공동체에 이르기까지 확장된다.

오늘날 세계 각지에서 다양한 공동체를 시험하고 있고 성공한 사례는 세계인의 깊은 관심거리가 되고 있다. 또한 근대화 과정에서 공동체를 유지하고 있는 집단에 대한 관심과 연구도 다양하게 진행되고 있다. 그러나 공동체주의가 지나치게 강조될 때는 문제점을 일으킬 가능성도 크다. 공동체에 의한 자아의 구속성, 가치의 통합 등을 강조함으로써 전체주의나 권위주의로 흐를 가능성도 있기 때문이다.

공동체에서 제일 중요한 키워드는 '상생'이라고 할 수 있다. 상생의 형태나 방식은 다양할지라도 상생적 삶의 양식은 공동체의 근원이기 때문이다. 공동체의 특성으로 호혜성이나 상호부조를 제일 중요한 요소로 거론하는 것도 이에 기인하는 것이다. 여기에 공동체 실현의 첫 과제로 등장하는 것이 상생적 윤리관의 정립이다. 상생적 윤리관은 연기론적 입장에서 보면 매우 자연스러운 생각이다. 자비도 이런 상생적 윤리관에서 자연스럽게 나오는 것이다. 문제는 이를 실천하는 것이 어렵다는 점이다. 왜 어려울까? 공유지의 비극the tragedy of commons이 생각난다.

공유지의 비극은 주인이 없는 공동 방목장에선 농부들이 경쟁적으로 더 많은 소를 끌고 나오는 것이 이득이므로 그 결과 방목장은 곧 황폐해지고 만다는 것을 경고하는 개념이다. 공유지의 비극은 무책임한 이기주의를 비판하거나 공동체적 가치를 강조할 때 자주 사용되고 있다. 모든 사람이 제한 없이 사용할 수 있지만, 누구도 자발적으로 그 재화를 공급하지 않으며, 또 공급에 따른 비용을 부담한다고 해도 혜택에 상응하는 비용 부담을 꺼린다는 것이다. 즉 무임승차를 하고픈 욕구이다. 각종 여론조사를 보면 공유지의 비극 현상이 한국사회에 만연해 있다. 현대사회의 공유지 비극은 익명사회의 특징 중 하나라고 할 수 있다. 아는 사람, 가까운 사람에게는 예의를 지키고 친절하지만 모르는 사람, 먼 지역에 있는 사람에게는 불친절하고 무례를 범할 가능성이 높다. 이것은 바로 연대의식이 협소하고 부족하기 때문이다. 연대의식은 공동체의 자기조직화에서 필수적인 요소이다. 오늘날 공유지의 비극을 극복할 방안에 대해 다양한 실험을 하고 성공 사례도 많아지고 있다. 그 원천은 결국 상생 윤리관을 어떻게 정립시키느냐에 귀결된다. 상생의 윤리관은 바로 연기론에서 도출된 것이다. 그러면 정의롭고 따뜻한 공동체의 구현에 한국불교는 어떤 역할을 할 것인가?

붓다의 정치철학 탐구

8. 페미니즘
-불교는 페미니즘이다

    페미니즘feminism은 여성에게 부당하게 강요되고 있는 사회적 차별에 대항하는 반성 이론 및 실천을 뜻하고, 여성 집단의 공동체적 이해관계와 유대를 강조하는 다양한 사상을 포괄적으로 표현하는 용어이다. 페미니즘은 여성의 권리 증진이라는 목적 아래 1960년대부터 본격적으로 시작되었다. 그 이전까지만 해도 성 구분은 정치적 관심사의 대상으로 고려되지 않았다. 남녀의 상이한 사회적, 경제적, 정치적 역할 등은 대체로 타당한 것이고 불가피한 것으로 간주되었다. 예를 들면 사회에서의 성별 분업 같은 것은 단순한 생물학적 사실에 따른 것으로 자연스럽게 보았다. 그러나 이제 페미니즘은 성 구분의 정치적 의의를 강조할 뿐만 아니라 심리적, 성적 역할에서의 해방 등 그 목적이 다양한 분야로 확장되고 있다.

    페미니즘 이론은 성을 정치적으로 구분하여 권력관계의 현상에서 바라보면서, 남성 중심의 정치적 권위와 가부장적 체제 속에서 남성 지배의 재생산에 반대한다. 또한 생물학적 성 개념과 문화적 성 개념을 구분함으로써 선천적인 차별이 아닌 사회적인 차별을 주요 관심사로 보고자 한다. 이러한 여성주의는 자유주의적 여성주의와 사회주의

제4장_현대 정치 이념의 불교적 성찰

적 여성주의 그리고 급진적 여성주의로 나눌 수 있다.

자유주의적 여성주의는 개인주의의 원리 즉 개인은 모두 평등하다는 원칙을 바탕으로 권리의 평등을 주장하고 있다. 이에 반해 사회주의적 여성주의는 양성 간의 관계가 사회적, 경제적 구조 자체에 깊이 뿌리를 두고 있다고 보면서, 자본주의의 구조를 기반으로 한 가부장제 구조의 사회개혁을 주장하고 있다. 나아가서 급진적 여성주의는 정치와 경제의 영역을 넘어 사회적, 개인적, 성적 측면 등 모든 영역에서 가부장제를 폐기하고 근원적 억압 구조에서 벗어나는 여성해방을 주장한다. 이러한 페미니즘 유형은 오늘날 생태적 여성주의를 비롯한 다양한 이슈로 그 주장이 확산, 심화하고 있다. 이처럼 페미니즘은 다양한 측면에서 논의될 수 있으며, 이데올로기로서 21세기에 새롭게 펼쳐질 성 담론의 한 측면을 볼 수 있다.

페미니즘의 출발은 선진국의 엘리트 여성들에 의해 출발되었지만 지금은 제3세계 전역에서 성장하고 있다. 여성들은 신분상의 중대한 변화를 요구하고 있고 이에 부응하는 법적인 장치들도 마련되고 있다. 파키스탄과 방글라데시에서는 여성 수상이 배출되기도 하였다. 그럼에도 여성들에 내려진 전통적인 제한은 아직도 강하다고 할 수 있다. 서구의 여성주의와 달리 한국의 여성주의는 기본적으로 반제, 반봉건 운동으로 출발하여 근대화 운동, 해방운동 그리고 민주화 운동 등과 내용을 같이한다. 또한 한국의 여성운동은 남성에 의해 주도되는 사회의 변혁과 남성성에 대한 비판, 여성성 인식 그리고 가부장적 유교 질서의 불평등 요소를 타파하고자 하는 운동의 형태를 지니고 있다.

그렇다면 페미니즘과 불교는 어떤 관계를 가지고 있는가? 먼저 상윳따 니까야: 5《빅쿠니 상윳따 2》의 내용을 살펴보자.[53] 비구니 소마 스님이 나무 아래서 명상하고 있을 때 악마 마라가 삼매를 방해하려고 다음의 게송을 노래한다.

그 경지아라한의 경지는 도달하기 어려워서
성자만이 얻을 수 있다네.
두 손가락만큼의 지혜를 가진
여성으로서는 얻을 수 없네.

소마 스님은 의연히 다음과 같이 대답한다.

마음이 잘 집중되어 있다면
지혜가 꾸준하게 나아가고 있다면
가르침을 바르게 이해하고 있다면
여성인 것이 무슨 상관이랴!

'나는 여자다' 또는 '나는 남자다'
또는 '나는 그 무엇이다'라고
말하는 사람이 있다면
그는 악마일 뿐이다.

---

53 일아 역편《한 권으로 읽는 빠알리 경전》민족사, 2008, pp. 527-528.

제4장_현대 정치 이념의 불교적 성찰

마라는 소마 스님의 결연한 자세에 혼비백산하여 도망쳤을 것이다.

《불교의 여성성불 사상》이라는 저서를 펴낸 이창숙 박사는 책의 결론 부분에서 "불교는 페미니즘이다"라고 선언하고 있다.[54] 선언은 동시에 사실이기도 하고 희망이기도 하고 절규이기도 할 것이다.

불교는 지구상 어떤 종교보다 여성을 존중해온 종교다. 붓다 재세시, 인도의 여성들은 붓다가 세 번이나 거부했는데도 포기하지 않고 먼 길을 찾아가 붓다의 출가 제자가 되었다. 또한 비구 교단과 함께 비구니 교단이 탄생했다. 이 비구니 교단은 '여성의 진정한 해방을 위해 노력해 온 가장 오래된 여성운동 집단 중의 하나'라는 평가를 받고 있다. 오늘날 한국의 비구니 교단은 다른 어느 나라에 비교해 보아도 수적으로나 내실에서나 앞서가고 있다. 또한 재가의 여성 불자들은 출가 교단의 외호자로서 중심 역할을 하고 있다. 오늘의 한국불교에서 여성이 차지하는 비중은 매우 크다고 할 수 있다.

출가, 재가를 막론하고 불자의 궁극적 목표가 성불임은 의심할 나위가 없다. 불교는 성불의 종교이기 때문이다. 당시에는 아라한이 되어 해탈의 노래를 부른 여성도 적지 않았다. 그러나 부파불교 시대에 이르면 여성은 성불할 수 없다는 사상이 등장한다. 초기 대승 경전에서는 여성불성불설女性不成佛說에 대한 타협으로 변성남자성불설變性男子成佛說이 등장하며, 중기 대승 경전에서는 여래장 사상의 기반 위에서 여성성불이 이루어진다. 그러나 현실적으로는 여성의 성불에 대해 부

---

54 이창숙《불교의 여성성불 사상》인북스, 2015, pp.188-191.

정적인 견해가 지배적이었다. 이것은 남성 중심의 가부장적 사고에서 나온 것으로 붓다의 다르마를 왜곡하는 것이다.[55] 여성성불 사상을 부인하는 것은 붓다의 교의를 부정하는 것이다. 오늘날 한국불교의 중추는 여성이다. 한국 조계종 종단에서 활약하는 비구니 스님들의 활약과 역할도 점점 커지고 있다. 종단 운영에서 비구니 스님의 역할과 재가 여성 불자들의 참여는 한국불교의 미래를 좌우하는 요소라고 볼 수 있다. 오늘날 한국불교는 페미니즘 없이 존재할 수 없다고 본다. 따라서 한국불교가 여성의 지혜와 능력이 한껏 펼쳐질 수 있는 마당을 마련하는 것이 큰 과제라 하겠다.

---

55 이창숙의 위 책 서문을 요약한 것임.

제4장_현대 정치 이념의 불교적 성찰

9. 녹색주의
-연기의 생명 패러다임

    오늘날 지구촌의 환경문제는 인간 생존과 지구 생물체에 관한 중대사로서, 환경주의와 생태주의는 새로운 정치 담론의 최대 화두로 등장하고 있다. 종래의 정치 사상가들은 자연환경을 인간이 효율적으로 활용할 수 있는 '경제적 자원'에 불과한 도구로 간주하고 정치적 관심사에서 제외하였다. 이러한 견해가 수정되기 시작한 것은 인간이 생존과 미래를 위해 매진해온 자연 개발이 오히려 인간존재에 위태로운 장애로 바뀌었음을 깨닫게 되면서부터이다.

    이렇게 환경주의와 생태주의는 그동안 경시되었던 인간과 자연과의 관계를 재검토한 데서 출발하였고, 기존의 전통적인 정치 신조들과 구분되는 새로운 이데올로기로 등장했다. 따라서 기존의 좌우 이분법적 정치적 틀 속에 자리매김하기가 곤란하다. 오늘날 환경주의와 생태주의는 인간 생활이 자연 세계의 맥락에서만 이해될 수 있다는 핵심적 신념을 지닌 이념과 이론들을 가리키는 광범위한 용어이다. 그러나 환경주의와 생태주의는 한마디로 표현될 수 있는 단일한 이념 체계가 아니다. 학자에 따라 용어 사용과 뉘앙스가 다른 다양한 형태가 있다. 인간과 자연과의 관계를 보는 근본적 패러다임을 기준으로 인간 중심의 환경주의와 자연 중심의 생태주의로 분류하기도 한다. 넓은 의미의 환경주의는 생태주의를 포함시킬 수 있다. 그러나 생태주의는 새로운 정치 경제적 원리와 기술 및 가치를 주장하는 급진적 정치 이념을 표방한다는 점에서 인간 중심의 환경주의와는 차별성이 있다는 주장도 있다.

생태주의의 원리들은 대체로 성장의 생태학적 한계에 대한 동의와 새로운 성장 방식의 요구, 인간과 자연의 상호의존과 조화의 원리로 표현된다. 이러한 생태주의의 원리는 근대성의 근본적인 비판의 흐름인 포스트모더니즘 경향을 지니고 있다. 생태주의는 환경주의로 지칭되는 인간 중심적이고 기술 중심적인 해결 방식에 부정적이다. 즉 환경주의는 근대적 생산양식, 합리성과 이성적 계몽, 자연에 대한 지배를 바탕으로 한다면서 비판하고 있다. 필자는 인간 중심의 환경주의와 자연 중심의 환경주 즉 생태주의를 구분하는 것은 실질적으로 큰 의미가 없다고 보고 이를 결합하여 '녹색주의'라는 용어로 통일하여 사용하고자 한다.

녹색주의 이론은 여러 저술가와 운동가들에 의해 다양하게 제시되어 왔다. 그중에서 1989년 덴버 지역 녹색단Denver Region Greens에서 발표한 〈녹색 가치Green Values〉라는 이름의 팸플릿이 녹색주의의 가치를 적절히 요약했다는 평가를 받고 있다. 이를 보면 녹색주의와 운동의 특징을 가늠할 수 있다.

1. 생태학적 지혜
2. 풀뿌리 민주주의

3. 대안적, 사회적 책임성

4. 비폭력

5. 분권화

6. 공동체 단위에 기초한 경제

7. 탈가부장적 가치

8. 다양성에 대한 존경

9. 세계적 차원의 책임성

10. 미래 조명

위의 내용을 보면 녹색주의, 또는 녹색운동의 지향 가치가 매우 광범위하다는 것을 알 수 있다. 서구 녹색당들의 강령과 유사한 내용이다. 녹색주의의 유형은 어떠한가? 환경문제를 보는 시각은 자연과 인간과의 관계, 환경보전과 경제개발의 관계 등 여러 각도에서 다양하게 유형화될 수 있다. 여기서는 인간 중심이냐 생태 중심이냐, 그리고 지향하는 이념이 자본주의냐 사회주의냐 아니면 양자를 모두 거부하는 급진주의냐에 따라 유형을 분류해 보자.

첫째, 개량주의적 환경주의reformist environmentalism이다. 개량주의적 환경주의는 자연세계란 인간을 위해서만 존재 가치가 있으며, 인간이 부여하는 가치만 의미를 지닌다는 인식에서 출발한다. 따라서 성장을 우선시하는 자본주의적 논리에 여과 없이 함몰되고, 환경자원을 둘러싼 개인 간, 국가 간 불평등 소유구조를 정당화시키는 이데올로기로 작용할 위험성이 있다는 비판을 받고 있다. 그럼에도, 개량주의적 환

붓다의 정치철학 탐구

경주의는 많은 영향력을 발휘하고 있다는 평가를 받는다.

둘째, 반동적 환경주의reactionary environmentalism이다. 여기에는 보수적인 요소와 낭만적인 요소가 중요한 역할을 한다. 반동적 환경주의의 유형인 생태보수주의는 도시의 성장으로 위협받는 농촌 생활 방식에 낭만적인 향수를 반영한다. 그것은 산업화와 진보에 대한 도전으로 산업화 이전 사회로의 복귀 내지 보존을 구상한다. 반진보와 원시적 낭만성은 마약 같은 매력을 지닐 수 있으며 이러한 경향은 생태 파시즘적 위험성을 동시에 안고 있다. 독일 나치즘이 이를 통치에 이용했다.

세 번째로는 급진적 생태주의radical ecologism가 있다. 기존의 정치·경제 제도에서는 환경보호가 이루어질 수 없다는 판단에서, 인간중심주의를 정면에서 비판한다. 따라서 인간보다는 생물권에 가치를 부여하는 전체론적 시각에서 환경문제에 접근한다. 전체적 생태계는 인간에 의해 가치가 부여되는 것이 아니라, 본래적 가치를 지닌다. 따라서 생태계는 인간의 목적에 수단으로 이용될 수 없다. 급진적 생태주의는 '근본 생태론' '사회 생태론' '에코 페미니즘' 그리고 '에코 아나키즘' 등의 유형이 있다.

네 번째, 사회주의적 환경주의가 있다. 이는 다시 '생태 마르크스주의'와 '생태 사회주의'로 분류할 수 있다. 생태 마르크스주의에 의하면 환경문제는 자본주의 경제체제의 내적 모순의 결과이므로 오직 전체 사회는 혁명을 통해 개조함으로써만 가능하다는 것이다. 생태 사회주의는 환경문제의 원인을 자연에 대한 인간의 과도한 지배에 있다고 보고, 우파와 좌파 모두 인간의 자연 지배를 정당화하는 경제성장과 산업 이데올로기의 옹호자로 비판한다. 이들은 자본주의도 사회주의도 아닌 '생태주의'라는 제3의 길을 주창한다. 그러나 정치적 스펙트럼으로 보면 사회주의와 친화력을 가진 것으로 평가된다. 위의 네 가지 유형은 이론적으로는 구분이 가능하나 실천의 측면으로 가면 서로 혼재되어 혼란을 주는 경우가 많다.

오늘날 환경문제를 해결하기 위한 접근은 크게 세 가지로 정리할 수 있겠다.

첫째, 과학기술적 접근이다. 환경과 생명 위기에 대한 과학기술적 접근은 과학기술 낙관론에 바탕을 두고 있다. 이를 주장하는 사람들은 지난 1세기 동안 과학기술 발전이 가져온 성과를 강조하면서 과학기술의 발전이 자원의 부족, 환경문제 등 인류가 직면한 문제점들을 해결할 수 있다는 믿음을 가지고 있다. 그들 주장의 요지는 과학기술의 발달이 현재의 환경위기를 낳았다 하더라도, 이는 과학의 포기에 의해서가 아니라 과학기술의 발전에 의해 극복할 수 있다는 것이다. 칸H. Kahn은 이러한 견해의 대표적 학자로서, 제한받지 않는 성장만이 사회적 진보를 가져온다고 전제하고, 제한받지 않는 경제성장에 가장 중요하고 사회적 진보에 필수적인 것이 과학기술의 진보라고 주장한다.[56] 이러한 과학기술주의는 어디까지나 자연환경의 효과적인 통제와 관리에만 관심을 가지고 있기 때문에 생태적 위기로 심화된 환경위기에 대한 근원적인 해결책이 되지 못한다는 비판을 받고 있다.

---

56 칸의 주장은 H. Kahn & T. Ford의 *The Optimist*, Farmington, Conn.: Emhart Corp., 1980에 잘 나타나 있다.

붓다의 정치철학 탐구

두 번째는 사회·경제적 접근이다. 환경문제는 단지 과학기술만의 문제가 아니라 과학기술 외적인 많은 사회, 경제, 정치적 요인들과 관계가 얽혀 있다. 과학기술의 수준과 산업화 단계의 유사성에도 불구하고 환경오염의 수준은 매우 상이하게 나타나는가 하면 선진국과 후진국 사이에는 지구촌의 환경문제를 두고 서로 다른 입장을 취하기도 한다. 이러한 요인들은 경제구조, 정치구조, 환경 정책 및 제도들이 상이한 데서 연유한다. 결국 환경문제는 과학기술적 측면뿐 아니라, 사회적, 경제적, 정치적 여러 측면이 총체적으로 검토되고 변화되지 않으면 안 된다는 주장이다. 즉 산업구조의 개편, 경제체제의 개선 이외에도 생산규모, 생산방식, 지역적 배치 등도 환경적 측면과 관련지어 검토되어야 하며 아울러 민주적인 정치권력의 확립, 정치 엘리트의 의지, 실효성 있는 환경 정책의 수립 등이 요구된다 하겠다.

셋째, 가치론적 접근이다. 가치론적 접근은 오늘날의 환경문제는 단순히 과학기술적 접근이나 사회, 경제, 정치체제의 개선만으로는 불가능하다는 입장에서 출발한다. 과학기술적 대책 또는 사회제도적 대책은 표피적인 궁여지책에 지나지 않으며 이러한 문제들을 일으키는 구조적 요인을 파악하고 그에 대한 원천적인 대응방안을 모색하기 위해서는 가치론적 접근을 해야 한다는 것이다.

여기서 생태학적 윤리학ecological ethics 또는 환경윤리학environmental ethics의 문제가 생겨난다. 이 새로운 윤리학은 1968년 빈Wein에서 개최된 제10차 국제철학대회가 개최될 때 환경윤리분과가 창설되면서 관심의 대상이 되었다. 이 환경윤리학은 인간의 자연에 대한 도덕적인 가치판단을 탐구하는 학문이다. 인간의 자연에 대한 도덕적인 가치판단의 기준은 견해에 따라 차이가 있지만 보통 '생태학적 양식ecological conscience'에 따라 선과 악으로 판별된다.

지금까지 녹색주의와 현대 생태주의의 형성 과정과 특징을 살펴보았다. 그 과정을 보면 결국 붓다의 지혜로 귀결되고 있다. 불교 교리의 입장에서 보면 너무나 당연하고 익숙한 것이다. 연기론과 무아 사상 등을 통해 만들어진 불교적 생명 패러다임은 현대 환경윤리의 초석이 되고 있다. 문제는 이를 어떻게 실천하느냐이다. 한국의 전통 사찰은 환경운동의 모범 사례가 되고 교육장이 될 수 있는 보고寶庫라고 할 수 있다. 이를 구체적으로 활용할 수 있는 구체적인 실천 과제가 아쉽다. 틱낫한 스님의 예를 보자. 스님은 그를 따르는 사람들에게 그들과 세계의 상호관계와 세계에 대한 그들 자신의 의무를 일깨우는 시를 사용하도록 가르친다. 예를 들어 수도꼭지를 틀 때나 물을 마실 때 그를 따르는 사람들과 함께 다음과 같이 되새긴다.[57]

이 손 안에 흘러넘치는 물
솜씨 좋게 사용해야 하지 않을까
이 별을 보존하려면

---

57 피터 하비, 허남결 역《불교윤리학 입문》pp. 341-342.

붓다의 정치철학 탐구

10. 아나키즘[58]
─아나키스트 붓다

    자본주의에 대해서는 평등의 이름으로, 공산주의에 대해서는 자유의 이름으로 공격하면서 한껏 자유인의 나래를 펼쳤던 아나키즘 anarchism은 1930년대 이후 거의 논의되지 않아서 사라져버린 이데올로기처럼 보였다. 그러나 1960년대부터 아나키즘 사상은 신선한 저항 이념과 운동으로 관심과 홍미의 대상으로 다시 거론되기 시작하였고, 1980년대부터는 미래사회에 대한 전망과 함께 아나키즘의 이론이 재조명되기 시작하였다. 특히 공산권 동구 국가와 소련의 와해에 따른 이념적인 대결구조가 붕괴하면서 아나키즘의 가능성에 대한 논의가 활발하게 전개되고 있다. 또한 종래의 국가 기능에 대한 논쟁과 국경 개념의 변화 등 소위 세계화적 논의들은 직접적이든 간접적이든 간에 아나키즘적 영감들과 연결되어 논의되고 있다.

    이러한 아나키즘의 부활 현상은 현실 문제를 진단하고 처방하는 사상이나 운동으로서만 나타나는 것이 아니라 새로운 사유 패러다임의 틀로도 나타나고 있다. 그 대표적인 것이 포스트모더니즘이다. 소위

---

58 방영준《저항과 희망, 아나키즘》이학사, 2006 참고.

해체주의적 경향을 띠는 학자들이 '아나키anarchy'라는 용어를 사용하고 있지는 않지만, 그들을 평가하는 수식어로 아나키는 많이 사용되고 있다.

한국에서도 아나키즘에 대한 관심이 높아져 가고 있다. 근래에 한국의 근현대사에 대한 재조명이 거론되면서 일제 식민지 독립투쟁기에 나타난 아나키즘의 재평가가 제기되고 있고, 아나키즘 문예론에 대한 관심도 높아지고 있다. 또한 환경운동, 지역공동체 운동, 협동조합적 상호부조 운동 등이 아나키즘적 사유 틀과 연계되어 논의가 활발하게 전개되고 있다. 그리고 인간 삶의 질과 세계화에 따른 세계시민적 자질 문제와 연결해 아나키즘이 논의의 대상이 되기도 한다. 또한 아나키즘의 토착화에도 관심을 갖고 한국 전통사상에 나타난 각종 상생相生 사상과도 관련지어 보고 있다.

오늘날 이러한 아나키즘에의 관심은 정치 이데올로기로서 관심보다는 아나키즘적 사유의 틀과 삶의 양식에 대한 관심에서 나온 것이다. 19세기의 실패한 이데올로기로 평가받은 아나키즘이 재생되는 원인은 오늘날 지구촌의 현상과 인간 삶의 문제를 진단하고 처방하는 데에 아나키즘이 많은 시사성과 상상력을 제공하기 때문이라고 하겠다. 아나키즘의 본질을 규명하는 것은 마치 변신술에 능한 제우스의 경호신 프로테우스Proteus와 씨름하는 것과 비유할 수 있겠다. 왜냐하면 독선과 권위를 배제하고, 또한 완벽한 이론을 거부하면서 자유와 개인적 판단의 우위를 강조하는 아나키즘의 자유인적 태도의 성격은 각양각색의 견해가 발생할 가능성을 이미 열어 놓고 있기 때문이다.

프랑스 혁명과 볼셰비키 혁명 사이의 사상사적 불연속성의 시대에 구체화된 아나키즘은 다양한 모습과 이미지를 나타내고 있다. 고드윈 William Godwin, 스터르너Max Stirner, 프루동Pierre Joseph Proudhon, 바쿠닌 Mikhail Bakunin, 크로포트킨Peter Kropotkin 등에 의해 아나키즘의 전통이 형성된 이래 아나키스트들은 '뒤죽박죽의 혼란된 설교자' 또는 '천진난만한 꿈의 옹호자'로 비치기도 하였다. 오늘날 아나키즘은 다양한 정치철학적 덕목들을 함께 연결할 수 있는 규범적 교의로도 평가된다.

아나키즘은 바다로 향하여 흐르는 강줄기라기보다는 오히려 지각의 여러 구멍을 통해 스며 나오는 물의 모습을 보여준다. 즉 땅속을 흐르는 지하수의 흐름이 되기도 하고 때로는 물이 모여 연못을 이루기도 하며, 지면의 갈라진 틈새로 분출되기도 한다. 이렇게 교의로서 또는 운동으로서 아나키즘은 끊임없는 변동 속에서 생성되고 붕괴된다. 그러나 아나키즘은 사라지지 않고 잠복할 뿐이며, 계기적인 맥락에 따라 새로운 모습으로 다시 등장한다.

아나키즘은 이데올로기적 분광도分光圖에 다양하게 위치하고 있다. 이를 크게 나누어 보면 개인주의적 아나키즘, 상호주의적 아나키즘, 집산주의적 아나키즘으로 대별할 수 있다. 다양한 아나키스트 유파 간에는 많은 차이가 있는 것처럼 보일 수 있으나 이들이 같은 아나키스트로 불릴 수 있는 공통적 특징들이 있다. 이것은 아나키즘 정의론의 원천이라 할 수 있는 '자연론적 사회관' '자주인적 개인' '공동체의 지향' '권위에의 저항' 등이다. 아나키스트들은 이를 바탕으로 하여 현실을 인식하고 미래를 설계한다.

알란 리터Alan Ritter는 아나키즘의 목표를 '공동체적 개체성Communal Individuality'을 단일명제로 내세우고 이를 추구하려는 아나키스트들의 계획들을 분석하면서 자유주의와 사회주의와는 다른 아나키즘 나름의 정체성을 밝히고 있다. 자주적 개인과 공동체를 결합하는 구도는 그것이 실천 프로그램으로 화할 때 다양한 모습으로 나타날 수밖에 없을 것이다. 아나키스트들은 자본주의의 문제점을 비난하면서 자유주의로 남아 있길 원하고, 마르크스주의를 거부하면서 사회주의자로 남아 있길 원한다. 그래서 아나키즘 속에서 환상에 가득 찬 사회인식의 풍요한 영역을 발견할 수 있다는 지적이 나오는 것이리라.

아나키즘은 언뜻 공격받기 쉬운 위치에 놓여 있는 무방비의 사상으로 보일 수도 있을 것이다. 아나키스트들의 자연론적 사회관은 그들 이념의 도덕성을 지켜주는 규범적인 명제로서는 큰 의미가 있으나, 이것이 경험적 실천적 명제로 전환시키고자 할 때 다양한 논쟁과 혼란을 야기시킬 가능성이 있다 하겠다. 또한 자주적 개인과 공동체를 결합시키는 아나키즘의 사상은 그것이 실천 프로그램으로 나타날 때 분열할 수 있는 요인들을 가지고 있다. 아나키즘의 이데올로기적 스펙트럼이 다양하게 분포된 것도 이 같은 원인에서 찾을 수 있을 것이다.

아나키즘이 제기하는 문제들은 매우 근원적이고 반정치적이다. 아나키즘이 제시하는 지향 가치는 언뜻 유토피아적으로 보이기도 하고 현실성이 결여된 것으로 보이기도 한다. 또한 아나키즘은 교조적 이념과 교조적 실천 방안을 경멸하고 조직을 경시한다. 이러한 특징들은 아나키즘이 실패할 수밖에 없는 정치사상으로 평가받게 만든다. 그러나 정치적 태도로서 아나키즘의 영속성은 실패의 대가로 얻어진다고 할 수 있겠다. 즉 아나키즘의 생명력은 그 실패를 통해 지속된다는 것이다.

오늘날 아나키즘의 재등장은 아나키즘의 예언력에 기인하고 있다. 19세기의 고전적 아나키스트들은 그 시대적 상황과 비교해 볼 때 너무 앞서서 나간 것인지도 모른다. 오늘의 아나키즘은 유토피아로서 등장하는 것이 아니라 아주 구체적인 현실 대안으로 등장하고 있기 때문이다. 21세기를 앞두고 아나키즘적 사유의 틀은 여러 영역으로 확산되어가고 있다. 아나키즘이라는 용어를 빌리든 안 빌리든, 아나키즘의 존재 여부를 인식하든 안 하든 간에 아나키즘적 사유의 틀은 정치, 경제, 사회, 문화 등 여러 영역에 영향을 미치고 있다. 21세기를 전망하는 여러 이론은 아나키즘의 사유 틀과 매우 유사하다. 이러한 현상을 현대의 아나키스트들은 아나키즘의 재등장으로 평가하고 있고, 사상적 선배의 족적을 모르는 사람들은 새로운 사조로서 받아들이고 있다.

아나키즘 사회는 항상 성장해 오고 있는 욕구에 따라서 끊임없이 진보하고 재조정되는 사회라 하겠다. 따라서 현대의 아나키스트들은 고전적 아나키스트의 교의를 그대로 답습하지는 않는다. 기본적인 사유의 틀은 받아들이면서 구체적인 현실 인식에는 창조적이다. 국가, 대의제, 조직, 법률, 분업 등의 문제 등에서 고전적 아나키스트에 비해 유연한 입장을 취하고 있다. 고전적 아나키즘의 예언을 확인해 주고 있는 오늘날 현대 아나키즘이 어떤 역할과 기능을 할 것인지 관심이 간다. 또한 아나키즘의 저항 기질이 어떤 형태로 나타날지 궁금하다.

제4장_현대 정치 이념의 불교적 성찰

필자는 아나키즘으로 박사학위를 받았다. 마르크스를 연구하는 과정에서 아나키즘에 호기심을 가지게 되었고 결국 학위 논문으로 이어졌다. 필자가 논문을 쓰던 당시에는 아나키즘은 금기의 단어였다. 일제식민지 시대 신흥무관학교를 세우고 의열단 등 치열한 독립투쟁을 벌인 아나키스트들은 해방 후 남과 북 어느 쪽에서도 환영받지 못하였고 아나키즘은 불온한 사상으로 간주되었다. 필자가 아나키즘에 깊은 관심을 가진 것은 아나키즘의 사상이 붓다 다르마와 매우 유사하다고 생각되었기 때문이다. 붓다 사상의 정치 이념적 속제화가 바로 아나키즘이 아닐까 생각하였다. 필자는 불교와 아나키즘의 관계에 대하여 관련 학회에 논문을 발표하고 학술지에 기고도 하였다. 불교와 아나키즘의 관계에 대한 구체적인 논의는 이 책의 부록에 싣고 있는 〈아나키즘의 불교적 해석〉으로 대신한다.

한국불교의 정치철학적 과제

- 민주적 정의 공동체 지향
- 이념적 회쟁과 통일 미래상의 좌표 제시
- 불평등 문제와 자비 공동체 구현

1. 민주적 정의 공동체 지향
-전륜성왕의 꿈

전륜성왕은 붓다 탄생 시 이미 깊은 인연을 맺고 있다. 붓다의 아버지 슈도다나Suddhodana는 갓 태어난 왕자의 미래를 점치기 위하여 예언자 아시따Asita를 불렀다. 아시따는 왕자를 보고 "왕자께서는 왕위에 오르면 무력을 사용하지 않고 전 세계를 통치할 전륜성왕이 되실 것이며, 출가하신다면 최고의 깨달음을 얻어 인류의 스승, 붓다가 되실 것입니다."라고 예언했다.

그러면 불교의 정치사상과 전륜성왕과는 어떤 관계가 있는가? 이 내용은 박경준 교수의 연구에 의지하고자 한다.[59] 전륜성왕에 대한 자료는 수많은 불전에서 발견되고 있으며 그 내용도 유사하다. 고대 인도에서는 위대한 인간은 보통 사람들과 달리 특별한 신체적 특징을 갖추고 있다고 생각하였다. 불교 교단에서도 붓다와 전륜성왕의 신체에는 32상이 있다는 신앙이 형성되어 있었다. 특히 전륜성왕의 특징은 거의 정형화되어 있는바, 32상相과 7보寶를 지니고 있다는 것이다.

32상은 그 배경이 전생의 선행과 공덕으로 형성된 것으로 바로 보

---

59 박경준《불교학의 사회화 이론과 실제》운주사, 2019, pp. 248-298.

붓다의 정치철학 탐구

시, 자비, 정계淨戒가 전륜성왕의 정치 이념의 초석으로 볼 수 있다. 7 보는 정법 정치의 실현을 위한 구성요소로서, 오늘날의 정치와 외교금륜보, 교통과 통신백상보와 감마보, 과학기술과 건설신주보, 비서 참모진 구성옥녀보, 재정과 후생복지거사보, 국방과 치안주병보을 의미한다. 불교에서 전륜성왕의 관념과 사상을 비중 있게 수용한 것은 바로 불교가 현세 지향적, 실천 지향적 성격이 강한 종교라는 특징을 반영하는 것이다. 따라서 전륜성왕에 대한 연구는 불교의 정치사상을 정립하는 데 필수적인 작업이라고 할 것이다.[60]

오늘날의 한국불교에는 전륜성왕의 꿈이 절실하다. 지금까지 한국불교에서 전륜성왕은 하나의 설화에 그쳤지 꿈이 아니었다. 꿈은 바람이고 바람은 실천으로 가는 첫걸음이다. 이제 한국불교와 불교도는 전륜성왕의 꿈을 꾸면서 실천의 방향을 찾아야 할 것이다. 전륜성왕의 길은 하화중생의 길이기 때문이다.

근현대 한국불교의 정치적 역정은 아픔과 부끄러움의 역사였다. 조선조와 일제의 긴 질곡에서 빠져나온 한국불교는 1945년 해방공간에서부터 또 다른 늪 속에 빠졌다. 해방공간에서부터 지금까지의 형극의 과정을 일일이 나열하고 싶지 않다. 그러나 잊지 말아야 할 사건이 있으니 10·27법난이다. 1980년 10월 27일 전두환이 이끄는 신군부에 의해 총칼과 구둣발로 처참하게 짓밟힌 비극이었다. 10·27법난이 불교계에 던진 충격은 엄청난 것이었다. 신군부의 정권 장악 명분 구축의

---

60 위의 책, p. 297.

제5장_한국불교의 정치철학적 과제

희생양이 되었다는 분석이 일반적이지만, 1979년을 정점으로 첨예화된 종단 분규가 꼬투리를 제공했다는 설도 있다.

10·27법난은 불교계의 정치권력에 대한 인식을 새롭게 하였다. 또한 불교의 사회적 실천에 관심을 가진 불자들에 의해 민중불교 운동이 일어나는 계기가 되기도 했다. 몇 해 뒤, 1986년 9월 7일 열린 해인사 승려대회는 국가권력에 대한 비판과 대안 논리가 확연한 일대 사건이다. 그럼에도 불구하고 1994년 종단개혁 이후의 정교 유착 양상은 종속적 관계가 주를 이루고 있다.

이를 통해서 현대 한국불교사가 주는 교훈은 불교 자주 및 정치권력으로부터의 자유는 혁명과 같은 일시적 사건으로 이루어지는 것이 아니라는 점이다. 꾸준한 제도 개혁과 종단의 민주화 역량 강화, 사회적 존경과 신뢰를 받을 만큼의 자율적 실천 능력 등이 뒷받침되어야 한다.[61] 즉 한국불교의 사부대중과 종단이 먼저 '민주적인 정의 공동체'를 실천하면서 이를 바탕으로 정치에 참여하는 나침판을 세우고 역량을 키우는 것이 중요한 과제라 하겠다.

'민주적인 정의 공동체'란 무엇을 의미하는가? 필자는 예비적 고찰에서 정의론에 대한 포괄적인 소개를 한 바 있다. 인도의 세계적 석학 아마르티아 센을 소개하면서 그의 정의론은 붓다의 가르침을 정의론으로 속제화俗諦化한 것으로 '연기적 정의론'이라고 표현하였다. 센의 정의론에서는 정의론의 아트만Atman을 부정하고 비판한다. 아트만은

---

61 이학종 〈현대 한국불교의 정치참여와 평가〉《불교평론》58호, 2014, p.82.

고대 인도의 우파니샤드 철학의 핵심으로 끊임없이 변하는 물질적 자아와 대비해 절대 변하지 않는 가장 근원적인 자아영원를 의미한다. 그 대표적인 것이 '선험적 제도주의'에 대한 비판이다.

선험적 제도주의는 완벽한 정의와 제도에만 집착한다는 것이다. 센은 정의의 기준은 다원적일 수밖에 없으며, 부정의를 제거하고 방지할 완전한 제도의 구축은 불가능하다고 본다. 따라서 완벽한 정의를 추구하기보다는 사회적 현실에 따라 실현 가능한 선택지들을 비교하는 것이다. 여기서 올바른 선택을 하기 위해서는 '공적 추론'이 필요하며, '토론에 의한 통치'로서 민주주의가 절대적으로 필요하다. 필자가 정의 공동체 앞에 '민주적'이라는 수식어를 붙인 연유가 여기 있다. 또한 센은 민주주의가 갖는 정치적 인센티브와 정보적 역할을 강조하며 민주주의가 경제성장 및 인간의 안전보장에 필수적이라는 것을 실증적으로 입증하고 있다. 동시에 인권, 발언권, 정체성, 정보 접근성, 젠더 평등, 소수자 권리 등 폭넓은 문제에 깊은 관심을 보인다.

센의 정의론을 보면 붓다의 대기설법對機說法을 연상시킨다. 대기설법은 듣는 사람의 이해 능력에 따라 설법하는 것으로 수기설법隨機說法이라고도 한다. 병에 따라 약을 처방하듯이 가르침을 받는 자의 능력과 소질에 따라 그에 알맞은 가르침을 전하는 것이다. 따라서 붓다의 다르마는 어떤 면에서는 서로 모순되는 것처럼 보이는데 이것은 가르침을 받는 사람의 성향과 이해력에 따라 그때그때 적합한 내용으로 해설했기 때문이다. 붓다의 가르침은 그만큼 열려 있는 법문이다. 이것은 서구 정의론이 가지고 있는 독선성과 전체주의적 특징을 비판하고 열려 있는 비교 선택 이론을 주창하는 센의 정의론과 맥락을 같이한다. 물론 센의 정의론에 대한 비판도 적지 않다. 그러나 이러한 비판은 붓다의 연기론을 이해하지 못한 데서 나온 것이라고 본다. 필자는 이러한 센의 정의론이 한국불교가 민주적인 정의 공동체를 지향하는 데 많은 도움을 주리라 생각한다.

붓다도 전륜성왕의 꿈을 꾼 적이 있다. 이에 관한 잡아함의《작왕경作王經》의 내용을 소개한다.

히말라야 부근 오두막에서 계실 때의 일이다. 어느 날 선정에 들어서 이런 생각을 잠시 했다. '내가 왕이 되어 남을 죽이거나 죽임을 당하는 일도 없고, 남의 것을 빼앗거나 빼앗김을 당하는 일도 없고, 남을 슬프게 할 일도 없고 스스로 슬플 일도 없도록 한결같이 법대로 행하고 법이 아닌 것은 행하지 않은 통치를 하면 어떨까?'[62] 붓다가 이런 생각을 하자 악마가 기뻐하며 유혹하였지만 사람의 욕심을 다 채우기 어렵다며 그 유혹을 뿌리쳤다.

이 경전의 내용은 민주적인 정의 공동체를 구현하는 것이 매우 어렵다는 것을 표현한 것으로 볼 수 있다. 그리고 붓다는 그 어려움을 극복하는 더 근원적인 처방을 찾으신 것이리라. 붓다의 민주적인 정의 공동체에 관한 관심은 끊임없이 지속되었다. 대표적인 것이 칠불쇠법七不衰法이다. 또한 가난과 질병의 고통에 시달리는 중생들을 구제하는 것이 왕과 국가가 할 가장 중요한 임무라는 것을 여러 왕에게 기회 있

---

62 홍사성《한 권으로 읽는 아함경》pp. 35-36.

을 때마다 강조하였다. 그럼에도 불구하고 붓다는 정치권력의 타락과 통치자의 위험성을 잘 파악하고 있었다.[63]

그렇다고 국가와 통치자를 부정하지도 않았다. 이것은 연기론적 입장에서 나온 것이라 하겠다. 연기법은 실체와 현상이 시공간을 초월한 보편적이고 절대적인 것으로 보지 않고 역동적인 복잡계로 보고 있다. 붓다가 꿈꾼 전륜성왕의 권위와 존엄은 민주적인 정의 공동체를 구현하는 정법정치에서 나온다 하겠다. 이제 한국불교가 이 땅에 전륜성왕이 출현할 수 있도록 원력을 세우고 그 실천의 마당을 만들어야 할 것이다.

---

63 피야세나 닷사나야케, 정승석 역《불교의 정치철학》대원정사, 1987, p. 155.

2. 이념적 화쟁과 통일 미래상의 좌표 제시

현대의 한국사회는 갈등과 균열의 도가니 속에서 들끓고 있다. 이념 갈등, 계층 갈등, 지역 갈등, 세대 갈등 등 거의 모든 영역에 갈등의 불길이 타오르고 있다. 그런데 이념적 갈등은 이 모든 갈등과 직간접으로 연결된 고리 역할을 하고 있다. 근래의 이념 갈등은 마치 해방 직후에 벌어진 좌우익 갈등을 상기시킨다. 해방공간의 이념적 갈등은 냉전이 시작되는 길목에서 외부로부터 수입된 외생적 갈등이 짙었다. 그러나 지금은 탈냉전 상황에서 국가 발전과 연계된 자생적인 갈등의 성격이 강하다고 볼 수 있다. 따라서 지금은 건국과 산업화 및 민주화를 거친 다음 민주화 이후의 국가적 패러다임을 어떻게 만들 것인가 하는 과제가 더 중요하다. 이러한 국가적 패러다임의 과제는 이데올로기의 문제로 귀결된다. 필자는 앞의 예비적 고찰을 통해 이데올로기의 기능과 구조, 그리고 함정을 살펴본 바가 있다.

간단하게 살펴보면 이데올로기는 사람들이 세계를 이해하고 해석하게 하는 관념체계를 제공하고, 개인 및 집단에 행동과 판단의 처방을 제공한다. 이를 통해 사회를 통합시키고 그 구성원을 동원하며, 또한 사회질서 유지 또는 변화 촉진의 기능을 한다. 또한 이데올로기는 인간과 세계의 상황에 대한 표상과 앞날에 대한 전망과 이상을 제시하고, 이에 따르는 실천 방안들을 논리적으로 체계화한다. 그러나 상황에 대한 인간 표상이 일방적이고 적절하지 못하거나, 앞날에 대한 전망이 잘못되고 이상이 거짓되었다든지, 혹은 실천 방안이 적절치 못할 때 그 이데올로기는 허위가 되고 기만이 된다. 인간의 상황에 대한 표상은 그 상황이 유동적이고 다면적이고, 또한 인간에게는 항상 표상을 위한 여러 가능성이 주어지기 때문에 적실성을 유지하기가 그만큼 어렵다. 앞날에 대한 전망도 그것이 도식화되면 미래의 개방성을 배제하게 되고 반대로 도식화되지 않으면 미래에 대한 통찰이 흐려지기 때문에 잘못될 가능성이 있게 된다. 이렇게 이데올로기는 상황적, 실천적 진리를 지향하고 또한 요청하지만 항상 비진리를 내포할 가능성이 있다.[64]

여기에서 이데올로기를 인간학적 측면에서 성찰할 필요성이 제기된다. 우리는 이데올로기가 지니는 양가적인 성격을 파악하고 역기능을 극복할 수 있는 인식 능력을 요구받고 있다. 또한 인간 삶의 질을 향상시킬 수 있는 이데올로기를 선택하고 창출할 수 있는 자질도 요구받고 있다. 개인이나 집단 구성원들이 어떤 하나의 절대화된 이데올로기를 맹목적으로 따르도록 세뇌되거나 조종되었을 경우, 절대적 자기 정당화의 도그마에 빠지게 되고 또한 다른 이데올로기 신봉자에 대한 배타적 적대감을 갖게 된다. 더 나아가 파괴적인 과격 행동조차 서슴

---

64 Richard Pratte, *Ideology and Education*, N.Y.: David Mckay, Co., 1977, pp. 50-51.

지 않는 공격성도 지니게 된다. 인간의 속성은 사회현실과 인간 미래를 전체적으로 파악하고자 하는 욕망을 갖게 마련이고, 이데올로기는 이러한 인간의 욕망에 영합하고자 한다. 여기에 이데올로기의 함정이 있다. 이러한 함정에 빠질 때 그 역기능이 생긴다. 이 함정의 대표적인 것으로 물화의 오류, 논리의 오류, 역사의 오류, 가치를 사실로 정의하는 오류, 과학적·도덕적 확실성에 관한 오류 등이 거론된다.[65]

한국에서 이념 논의는 일종의 사회 정신병리학적이라 할 만큼 우리의 사고 지평을 위축시켜 왔고, 그만큼 파행적이었다. 이러한 원인은 이데올로기의 도입 과정에서부터 이미 잉태된 후 이데올로기로 분단되고, 이데올로기로 전쟁을 치렀고, 그 후 한국인의 정치적 삶의 양식은 직간접적으로 이데올로기와 연결되었다. 특히 6·25가 우리의 정치의식 구조에 끼쳤던 영향 중 가장 심각하고 비극적인 것은 그것이 분단체제를 내면화하고 분단의식의 심화를 촉진했다는 점이다. 즉 6·25가 표현하고 있었던 이데올로기적 대결이 정신의 확대를 막고 사고를 고착화했다는 것이다. 6·25 이전에는 미국의 후원하에 성립된 대한민국 정권이나 소련의 후원하에 성립된 북한 정권이 내부적인 역학관계의 재편 속에서 출현한 것이 아니기 때문에 내부적으로는 다양한 세력 집단이 존재하며 내적 변동 가능성이 상존하고 있었다. 그러나 6·25는 남북한 각 내부 세력들로 하여금 극단화된 정치적 태도의 표명을 불가피하게 만들었다. 양자택일이 불가피해지고 그래서 남한의 국민임을

---

65 H. Waltzer. "IntroductioN." in *Ideologies and Modern Politics*, eds., Reo M. Christenson and Others, N. Y; Dodd, Mead & Company, 1975, pp. 6-11.

붓다의 정치철학 탐구

자인하는 동시에 공산주의를 '무섭고 나쁜 사상'으로 규정하는 데 동의하기에 이르렀던 것이다. 이처럼 6·25 전쟁이라는 민족적 시련은 한국인이 가졌던 막연한 정치의식에 뚜렷한 골격을 부여하였다. 체험의 뒷받침이 없이 모호한 관념론의 색채를 띠고 있었던 한국인의 정치의식 내지 정치이념에 6·25는 하나의 심각한 체험으로 작용하였다. 이러한 상황에서 남북한 사이에는 적대감 및 불신감이 고조되었고, 남한 내부에도 흑백논리가 지배하게 되어 중도 노선 내지는 협상 노선에 대하여는 의혹과 불신을 표명하게 되었다. 그 결과 반공이 국시라고 하는 절대적인 명제가 지배하는 정치 풍토가 조성되었고, 모든 사상과 이념을 자유롭게 연구하고 주장하는 것도 불가능해졌으며 정치사상의 빈곤을 초래하게 되었다.[66]

결국 6·25를 통해 남한 세력 내부의 극단화된 분화가 일어나고 또 정치적 입장의 극단화된 분화가 일어남으로써 중도적인 입장의 민족 내적 근거가 파괴되고 외적인 냉전 논리가 대중의 의식 속에서 일정한 기반을 마련하게 되었다. 말하자면 냉전 논리와 분단체제의 정당화, 그것의 의식적 일상화가 기정사실화된 것인데, 이러한 현상은 곧 냉전 논리의 민족화, 분단의식의 내면화였다. 그러므로 남한 내부에서는 반공을 제1의 국시로 삼고 그 일환으로 개인주의와 다원주의 등의 자유민주주의 가치관보다는 강력한 국가관 위주의 가치관을 심어주는 데 역점을 두어야 했다. 이에 따라 분단은 이제 강요된 외재적인 현실이

---

66 방영준《공동체 생명 가치》pp. 302-315 참조.

제5장_한국불교의 정치철학적 과제

아니라 일정하게 내면화된 현실로 다가왔다.

이러한 이데올로기적 분단이라는 역사적 상황은 긴박성의 흑백논리와 이분법적 사고방식을 사태 판단의 기준과 척도로 삼게 했다. 흑백논리와 이분법적 사고를 비판하는 사람도 결국 흑백논리로 돌아가지 않을 수 없는 것이 현실이었다. 이데올로기적 언어와 현실 자체를 동일시하는 물화의 오류에 빠져 이데올로기의 역기능이 팽배해 왔다고 볼 수 있다. 이러한 와중에서 한국의 지성은 어쩔 수 없이 당파적 성격을 띨 수밖에 없었다. 한국 지성의 이데올로기적 당파성은 새로운 이념을 창출할 수 있는 여백을 가질 수 없게 했으며, 반대하고 비판하는 수준에 머무르게 하였거나 어정쩡한 입장을 취하게 만들었다.

우리의 이념적 논쟁은 자유민주주의와 사회주의라는 두 개의 화두에서 벗어나지 못한 채 미로를 헤매는 느낌이다. 이데올로기는 지식사회학적 입장에서 볼 때 하나의 용어로 대변될 수 없음에도 불구하고, 우리는 이 용어에 너무 집착하는 것 같다. 현실을 추상화한 용어에 불과한데, 이 용어의 안경을 통해 현실을 파악하는 오류를 범하고 있지 않나 하는 생각이 든다. 또한 정치적 영역의 함의와 경제적 영역의 함의가 서로 얽힌 채 사용되어 많은 혼란을 주기도 하였다. 더구나 자유민주주의나 공산주의는 남북한이 제대로 실천도 하지 못하면서 내건 정치적 명분의 성격이 강했기에 용어의 논쟁에 더욱 혼란과 공허감을 가중시켰다 하겠다. 이러한 이념적 논쟁은 붓다의 가르침에 비추어 보면 무명의 늪에 빠진 어리석은 모습이라 하겠다.

지금 한국사회도 많이 변해 가고 있다. 오늘날 한국사회의 좌·우파 또는 보혁 갈등의 아젠다는 매우 다양해지고 있다. 공공성과 효율성의 문제, 생태 환경 문제, 여성 평등, 범죄와 처벌, 자유권적 기본권의 제약, 교육의 수월성과 평등성 등이 대표적이다.[67] 이제 정치적 이념의 노예에서 벗어날 때가 왔다. 인간은 함께 사는 존재이고, 함께 살려면 어느 정도 함께하는 가치들이 있어야 한다면, 인간은 어쩔 수 없이 이데올로기적인 존재일 수밖에 없다. 이러한 이데올로기는 엘리트에 의해 산출된다. 이들이 중심 엘리트든 주변 엘리트든 간에 세계의 관념사는 이데올로기가 엘리트의 산물임을 증명해 준다. 여기에 한국 지성의 책임이 제기된다. 참다운 지성은 계급과 당파적 이념들을 뛰어넘어, 서로 배척하고 부정하는 것이 아닌 보다 큰 이념의 체계 안에서 포용하고 긍정할 수 있는 논리를 발견하고 창조해야 할 것이다.

또한 우리의 과제는 통일국가의 이념과 미래상에 관한 정립이다. 미래를 친근한 것으로 만들고 바람직한 미래를 창출하기 위해서는 그 미래를 우리의 의식 속으로 끌어들이고, 모든 지력과 상상력을 구사하여 그 미래를 탐사해야 할 것이다. 미래 지향성은 항상 희망과 당위가 교직된 것이지만 현재의 조건을 떠나 존재할 수는 없다. 통일의 미래상은 통일이 성취된 다음의 국가에서만 아니라, 그 이전에 바람직한 통일이 이루어지도록 준비하고 계획하고 실천하는 설계도이다. 통일 한국의 미래상은 근대 이후의 인류사를 점철해 온 이념적 덕목들에 대한 지식사회학적 안목과 정치철학적 성찰을 바탕으로 하여야 할 것이다.

---

67 구갑우 외 13인 《좌우파 사전》 위즈덤하우스, 2010 참고.

제5장_한국불교의 정치철학적 과제

그리고 한민족의 발전적 지향과 세계사의 중심 조류가 일치되는 방향에서 탐색되어야 한다.

통일 한국의 미래상과 이념은 '중도의 철학'에 기반을 두어야 할 것이다. 중도는 어느 한 편에 기울지 않고 양자를 포용하며 한 단계 올라설 때 가능하다. 중도는 다양한 요소를 조화로운 전체에 융합, 통합함으로써 모든 요소의 긍정적 기능을 극대화하는 것이다. 서구 정치사회의 투쟁의 산물들인 현대의 이념들을 붓다의 지혜 틀에서 융해시켜야 할 것이다. 연기와 중도에서 창출된 통일 이념은 어떤 이름으로 장식되더라도 '다원 공동체적' 성격의 이념이 아닐까 생각한다. 박병기 교수는 연기론과 무아론을 결합하여 '연기적 독존주의'라는 이념 틀을 만들어 정의로운 한국사회를 구현하는 좌표로 제시하고 있다.[68] '연기적 독존주의'는 다원공동체적 성격의 이념으로서 대표적인 예가 될 것이다.

지금 한국사회가 통일을 선도할 수 있는 자산이 과연 있는가? 이 질문에 필자는 머뭇거릴 수밖에 없다. 그만큼 통일 문화 창조를 위한 한국불교의 책무가 더욱 무겁다.

---

[68] 박병기《의미의 시대와 불교 윤리》씨아이알, 2013, pp. 288-313.

3. 불평등 문제와 자비 공동체 구현

붓다의 정치철학을 탐구하면서 속제화를 하지 않아도 되는 가르침이 바로 '평등'의 문제라는 생각을 했다. 평등의 문제는 붓다의 가르침에서 매우 일상적인 것이었다. 당시의 시대적 배경을 생각할 때 매우 놀라운 계몽적인 가르침이라 하겠다. 더욱 놀라운 것은 인간의 평등뿐만 아니라 모든 존재의 평등을 강조하고 있다. 붓다가 말한 중생衆生은 인간 중심적 개념이 아닌 모든 생명과 무생물까지 포함한다. 이렇게 다양한 모든 생명을 평등하게 보면서 자비의 대상으로 삼는 것이 불교의 생명평화 사상이다. 여기서는 인간과 인간 사회의 평등과 생태환경문제의 평등으로 논의를 전개하고자 한다. 먼저 빠알리 경전에 있는 인간 평등에 관한 내용을 보자.[69]

- 여자가 남자보다 더 훌륭할 수 있네

  —상윳따 니까야: 3 꼬살라 상윳따 2;6

- 가문을 묻지 말고 행위를 물으시오

  —상윳따 니까야: 7 부라흐마니 상윳따 1;9

---

69 일아 역편《한 권으로 읽는 빠알리 경전》pp. 526-554.

- 비구든 비구니든 어느 누구라도

  —상윳따 니까야: 47 사띠빳타나 상윳따 10

- 어느 종족에서 출가를 하였건 누구나 깨달음을 얻음

  —맛지마 니까야: 40《쭐라앗사뿌라경》13-14

- 네 계급은 전혀 차별이 없다

  —맛지마 니까야: 84《마두라경》

- 행위로 브라흐만이 된다

  —맛지마 니까야: 98《와셋타경》

- 참된 사람과 참되지 못한 사람

  —맛지마 니까야: 113《삽뿌리사경》1-20

- 모든 계급 중 으뜸인 사람

  —디가 니까야: 27《악간나경》1-7, 30-31

불평등은 인간 삶과 사회적 문제의 가장 중요한 주제 중의 하나이다. 어떤 면에서 우리는 불평등의 굴레를 쓰고 태어나 그 굴레 속에서 일생을 살아가고 있기도 하다. 문제는 그 불평등을 어떻게 인식하고 받아들이고 있느냐 하는 것이다. 이처럼 불평등의 문제는 인간에게 가장 친숙한 문제이다. 그러나 이러한 친숙한 현상이 가장 이해하기 어렵다는 것은 역설적이다. 보통 사람들이 직관적으로 받아들이고 있는 불평등 현상은 많은 학자를 곤혹하게 만드는 매우 복잡한 주제이다.

한국사회가 안고 있는 제일 큰 문제로 거론되는 주제가 바로 불평등의 문제다. 한국사회의 근대화 과정의 급속성과 파행성은 많은 부작용을 일으켜 왔다. 동시에 우리 사회에 내재하고 있는 가치관과 의미의 혼란을 가져왔다. 민주주의에 대한 이해의 혼란성, 자유와 평등, 평등과 형평에 대한 자의적 해석, 사회정의에 대한 나름대로의 해석과 적용 등이 대표적인 예라 하겠다. 불평등 문제는 윤리적인 측면에서도 중요한 과제이다. 사회윤리의 중요성이 거론되면서 사회정의의 문제는 윤리학의 중요한 과제로 등장하고 있다.

한국사회의 불평등 문제는 크게 두 개의 범주로 나누어 논의할 수 있다. 첫째는 사회구조적, 제도적 측면이고 둘째는 불평등 현상을 규정하고 평가하는 인식과 태도의 측면이다. 그러나 사회 불평등 현상을 구체적으로 도출할 경우에 두 측면의 구분은 매우 애매하게 나타난다. 이러한 현상은 사회정의에 대한 기준이 사회와 시대에 따라 달리 나타나기 때문이다. 과거의 많은 연구 결과와 현재 우리 사회가 겪고 있는 불평등의 현상을 조감하면 몇 가지 영역에서 그 특징을 찾아볼 수 있다.

한국사회의 불평등 문제가 거론될 때마다 배분적 정의의 문제가 제일 많이 등장한다. 배분적 정의는 공정한 분배를 의미한다고 할 수 있다. 사회구성원들이 공정하다고 인정할 수 있는 배분이 이루어진다면 곧 배분의 정의는 지켜지고 있다고 볼 수 있다. 일반적으로 사회구성원들이 배분적 정의가 이루어지지 않다고 느끼는 경우는 다음과 같은 사회적 경제적 조건에서 발생한다.

첫째로, 계층 간의 소득 격차가 벌어지고 부의 집중률이 높아질 경우이다. 둘째로, 부유층의 부 축적 과정이 비윤리적이거나 부조리하게 이루어졌다고 사회구성원이 인식하고 있을 경우이다. 셋째로, 자기 과시적 소비 행태가 계층 간의 위화감을 확대하는 경우이다. 부유층의 사치와 소비 지향의 풍조는 저소득층의 빈곤의식을 상대적으로 심화시키는 결과를 가져온다. 넷째로, 생활 조건의 상승은 기대 상승을 촉발하며, 그 결과 기대와 현실 간의 격차가 벌어져 많은 사람이 상대적 빈곤의식을 느낄 경우이다.

위의 요인들은 한국사회의 배분적 정의의 문제점을 특징화하는 조건들이다. 여기서 특기할 만한 점은 우리 사회가 자유경제 체제를 지향하면서도 부 자체에 대해 사회적 비판이 강하다는 점이다. 이는 소위 '있는 자'들의 도덕성과 부의 축적 과정에 대한 불신 등이 중요한 원인이다. 한국인의 평등의식이 강하다는 평가도 있다. 이와 함께 부의 배분의 문제를 사회구성원들의 도덕성에 지나치게 의존하는 경향이 있다는 의견도 제기되고 있다.

배분적 정의의 문제 다음으로 기회구조의 불평등 문제이다. 기회구조의 불평등 문제는 가치의 분배 자체보다도 그 가치를 획득하는 수단에의 접근 가능성의 문제이다. 배분적 정의가 결과에 초점을 둔다면 기회구조의 평등은 가능성에 초점을 맞추고 있다. 이것은 성공의 기회가 개인의 능력과 노력에 비례하여 이루어지느냐, 아니면 특정한 계층에게 유리하게 또는 불리하게 사회구조에 의해 결정되느냐의 문제이다. 한국사회에서 기회구조의 불평등 영역은 매우 다양하게 나타나고 있다. 즉 근로자의 고용 기회와 고용조건의 불평등, 성차별로 인한 불평등, 교육과 학력으로 인한 불평등, 사회복지 서비스의 불평등, 법 집행의 불평등, 출신 지역으로 인한 불평등 등이 대표적인 사례다.

한국사회에서 거론되고 있는 기회구조의 불평등 문제는 일일이 근거 자료를 제시할 필요도 없이 매우 심각하다. 흙수저, 금수저 등의 용어는 그 심각성을 표현한 것이다. 이러한 기회구조의 불평등은 경제적 불평등보다 더 심각한 상대적 박탈감을 안겨준다. 개인의 능력과 차이에서 오는 불평등은 오히려 정당하게 받아들일 가능성이 큰 반면, 개인의 능력이나 노력과 관계없이 기회가 차별적으로 주어지는 사회구조는 소외계층을 절망케 하고 분노케 한다. 나아가 우리 사회의 윤리의식을 저하시키고 사회정의에 대한 인식을 말살시킨다.

경쟁 규칙의 불평등의 문제도 큰 요인이다. 경쟁 규칙의 문제는 게임의 규칙이 지켜지느냐의 문제이다. 공정한 배분 제도와 기회구조가 마련되어 있다 하더라도 그 제도와 규칙이 공정하지 못한다면 사회구성원들은 심한 사회적 비정의감을 느낄 것이다. 성실하고 정직한 사람, 법규를 잘 지키는 사람이 오히려 무능한 사람으로 평가받고 있다면 그 사회는 분명 정의가 정립되지 못한 사회이다.

한국사회에 나타나고 있는 경쟁 규칙의 평등 문제는 매우 부정적이다. 이에 대한 원인은 다양하게 도출할 수 있겠으나 제일 큰 원인으로 '연고緣故 정실주의情實主義'를 들 수 있을 것이다. 개인의 사적인 삶에서 '연고'와 '정情' 의식의 소중함은 아무리 강조해도 지나치지 않다. 그러나 이 연고와 정이 개인적 차원을 넘어 공적인 차원으로 확장되어 나타나면 심각한 경쟁 규칙의 불평등 현상을 일으킨다. 연고와 정의 관계가 공사 간을 막론하고 하나의 지배적인 의사 결정의 영향력으로 등장하게 되면 연고 정실주의가 성립한다. 그 대표적인 것이 혈연, 지연, 학연, 각종 파벌에 이르기까지 연고 정실적 사회관과 생활 태도가 한국사회에 만연되어 있다. 이러한 연고 정실주의는 집단이기주의로 연결되기도 하며 편법주의적 풍조를 만연시킨다. 한국인이 지닌 법집행에 대한 불신은 공정한 게임 규칙이 잘 지켜지지 않는다고 인식하기 때문이다. 공정한 게임 규칙이 지켜지지 않을 때 사회구성원들은 사회의 보상 체계에 불만을 갖게 되고 이것은 사회 불안의 큰 요인으로 등장한다.

위에서 제시한 불평등의 문제는 재화의 문제와 직간접으로 연결되고 재화를 획득하는 주체의 윤리적 문제로 귀결된다고 볼 수 있다.《자따까》를 비롯한 초기 경전을 보면 상업의 경제적 책임, 법적 책임, 윤리적 책임, 자선적 책임 등을 언급하면서 그 중요성을 강조하고 있다. 초기불교는 재화를 추구하고 축적하고 경제활동을 적극 장려하면서도 동시에 이에 대한 책임윤리를 다양한 영역에서 강조하는 것이다.[70]

마지막으로 생태와 환경의 불평등 문제를 살펴보자. 이것은 매우 근원적이고 실존적인 불평등의 문제이다. 21세기는 '지구 환경의 문제'가 새로운 정치적 화두를 주도할 것으로 보인다. 성장과 개발 중심의 산업사회가 남긴 폐해와 문화적 지배와 종속과 같은 문제점들을 해결하고 대안적 사회를 이루기 위한 모색의 한가운데에 '환경주의'나 '생태주의'가 자리 잡고 있다. 여기서 환경 민주주의environmental democracy의

---

70 장성우《초기불교의 경영 사상 연구》동국대학교 불교학과 박사학위 논문, 2017, pp.355-362 참조.

붓다의 정치철학 탐구

중요성이 제기된다. 이는 환경보호 내지는 관리를 이유로 불평등한 분배구조를 정당화시키거나 차별을 강요하는 환경 파시즘과는 대립되는 개념이다. 환경문제를 해결하기 위해서는 권력분산형 참여적 기제와 민주적 관료제의 책임성이 함께 요청된다. 즉 시민참여 메커니즘의 제도화, 환경 정보의 공개와 공유, 환경 갈등 해결 메커니즘의 제도화 등이 요구된다. 생명 및 생태의 공동체를 구현하기 위한 실천적 한계를 극복하기 위해서는 무엇보다 한국에서 적용 가능한 이념적 모델이 분명하게 제시되어야 할 것이다. 그리고 이는 최소한 한국 정치가 추구하는 정치이념의 스펙트럼에 부합되거나 아니면 대중의 정서에 부합되는 창조적인 이념적 지평을 확보하여 구체적인 실천 담론으로 발전해 가야 할 것이다.[71]

불평등 문제는 개개 구성원이 관계된 사회구조와 문화에 따라 상이한 현상으로 나타나며, 사회구성원의 심리적 상황과도 밀접한 관계가 있다. 즉 불평등 문제는 연기적 조건에 따라 다양하게 나타난다고 할 수 있다. 필자는 붓다의 영향을 받은 아마르티아 센의 이론을 '연기론적 정의론'이라고 수차례 소개한 바 있다. 센의 이론을 빌려 불평등 문제에 대한 중도적 접근을 해 보는 것은 매우 유익하다고 생각한다.

센은 '왜 평등인가'의 문제와 '무엇에 대한 평등인가'라는 문제를 평등에 대한 윤리적 분석의 가장 중요한 핵심으로 삼고 있다.[72] 이 두 문제는 서로 구별되면서도 철저하게 상호의존적이라는 것이다. '무엇에

---

71 이명남《정치 - 이데올로기의 주체적 해명》p. 429.
72 Amartya Sen, 이상호 외 역《불평등의 재검토》pp. 34-40.

제5장_한국불교의 정치철학적 과제

대한 평등인가'에 대해 언급해야만 우리는 '왜 평등인가'에 대한 질문에 답할 수 있다는 것이다. 그러나 무엇에 대한 평등이냐의 질문 속에는 왜 평등인가 하는 질문이 포함되기도 한다. 전통적으로 정치철학이나 사회철학에서 제시하고 있는 평등론은 특정 영역에 연관되어 나타난다. 그런데 특정 영역에서의 평등은 다른 영역에서의 불평등을 의미하기도 한다. 따라서 평등주의라는 용어는 제한된 범위에서 사용되어야 한다. 특정 영역에서의 평등주의는 다른 영역에서는 반평등주의로 이어지기도 한다.

인간 개개인은 여러 방식에서 다르다. 자연환경, 사회적 환경 그리고 개인별 특성과 능력 등에서 차이가 난다. 이 차이는 불평등을 평가하는 데 중요한 의미를 지닌다. 만약 인간이 다양하지 않고 정확히 똑같다면 한 영역의 평등이 다른 영역에서의 평등과 일치할 수 있다. 한 영역의 평등이 다른 영역에서의 불평등과 양립하는 경향이 있는 것은 인간의 다양성에서 비롯된 것이다. 평등 문제의 중요한 이슈는 평등을 요하는 올바른 영역은 과연 무엇인가의 문제이며, 이것은 바로 '무엇에 대한 평등인가'의 질문으로 이어진다.

'무엇에 대한 평등인가'에 대한 질문은 평등과 자유의 갈등 관계를 해소하는 데 많은 도움을 줄 수 있을 것이다. 자유주의와 평등주의는 이념적으로 상반된 입장에 서 있는 것으로 간주되어 왔다. 이것은 이데올로기의 오류의 하나인 물화 현상에서 나온 것이라 하겠다. 무엇에 대한 평등인가에 대한 해답은 자유와 평등의 양자택일에서 나오는 것이 아니다. 자유와 평등을 대립관계로 보고 사회문제를 제기하는 것은

붓다의 정치철학 탐구

어떤 면에서 범주 상의 오류를 범하는 것이다. 자유는 평등의 가능한 적용 분야에 속하고, 평등은 자유의 가능한 분배 유형에 속한다고 볼 수 있을 것이다. 이것이 바로 중도의 관점에서 보는 것이다.

　필자가 불평등 문제에 대한 윤리적 접근에 큰 관심을 가지는 것은 여기에 불교적 과제의 핵심이 있기 때문이다. 또한 정치 이데올로기로서의 평등주의가 가진 한계점에 대한 인식도 가지고 있기 때문이다. 평등이라는 용어는 덕의 용어virtue word라고 생각한다. 덕의 용어이기 때문에 단순하면서도 추상성이 강한 용어로 볼 수 있다. 이렇게 추상성이 강한 평등이라는 개념을 구체화하고자 한다면 여러 다양한 형태로 표출될 수 있을 것이다. 그러나 윤리적 측면에서 접근하여 구체화하고 그 과제를 모색하는 것이 사회적 비용도 덜 들고 지속성도 있으리라 생각한다. 바로 그 덕의 지혜가 중도이고 실천이 자비이다. 여기에 '생명평화 자비 공동체 구현'이라는 과제가 등장한다.

　'생명평화 자비 공동체'는 구체적으로 무엇을 의미하는가? 이는 연기론과 무아를 바탕으로 인간을 비롯하여 동물, 식물, 무생물에 이르기까지 모든 존재가 어깨동무하며 함께하는 공동체를 의미한다. 즉 중생 공동체이다. 모든 존재가 다름을 서로 인정하고 존중하면서 함께 공존하는 것이다. 다시 말해 자비라는 개념이 인간뿐만 아니라 동물, 식물, 무생물에까지 확장된 것이다. 세간에서 말하는 '자연적인 사랑'은 유전자의 속성에 의존하는 경우가 많다. 자신과 가까운 만큼 더 사랑하고, 멀어지면 덜 사랑한다. 경계선 너머에 있는 낯선 사람을 사랑하는 것은 어렵다. 자비는 연민의 윤리를 넘어 우주의 우정이다. 가까운 자가 아니라 멀리 있는 자를 사랑하고, 연민 없이도 사랑한다. 그리고 미움 없이 미워하는 비판의식도 가져야 한다.[73] 자비는 모든 존재에 대한 평등심에서 출발한다. "진정한 자비심을 일으키기 위해선 우선 평등심을 담아야 합니다"라고 달라이 라마는 말한다.[74]

한국불교는 긴 역사를 통해서 볼 때 '생명평화 자비 공동체'를 구현하기 위한 많은 자산을 가지고 있다. 큰 그릇 자랑만 할 것이 아니라 이 땅에 생명평화를 실현하려면 붓다의 지혜가 만든 크나큰 우물의 물을 퍼내야 할 것이다. 큰 담론을 하기 전에 우선 불자 개개인이 일상생활에서부터 자비의 중생 공동체를 어떻게 실천할 것인가를 진지하게 고민해야 할 것이다.

---

73 이진경 《불교를 철학하다》 pp. 221-242.
74 달라이 라마 《아름답게 사는 지혜》 정우사, 2000, p. 69.

붓다의 정치철학 탐구

이 논문은 《불교평론》 65호(2016년 봄호) '논단'에 발표한 원고이다.

1. 이 글을 왜 쓰는가

《불교평론》과 인연을 맺으면서 불교에 대한 사유의 지평을 넓힐 기회를 가지게 되었고, 더불어 붓다의 정치철학을 정립하고 체계화를 시도해볼까 하는 유혹도 느끼곤 했다. 그럴 때마다 생각나는 것이 아나키즘과 불교 사상의 유사성이다. 18세기에 등장한 아나키즘이 2,500여 년 전 붓다의 사상과 매우 흡사함을 항상 느껴왔다. 아나키즘은 청년 시절부터 관심을 가졌고 결국 학위 논문도 이 주제를 가지고 썼다.

프랑스 혁명과 볼셰비키 혁명 사이의 사상사적 불연속성의 시대에 구체화된 아나키즘은 오늘날 다양한 모습으로 재등장하고 있다. 1930년대부터 1960년대에 걸쳐 아나키즘은 거의 논의되지 않아 사라진 이데올로기처럼 보였다. 그러나 오늘날 아나키즘은 다양한 영역에서 다양한 모습으로 등장하고 있다. 이러한 현상은 현대사회의 문제점에 대한 처방 능력을 상실한 채, 복잡한 이론적 변명으로 채색된 기존 이데올로기에 대한 염증 및 저항감과 밀접한 관련이 있다. 이와 함께 아나키즘의 사회인식 체계가 오늘의 사회에 높은 적실성을 가졌다는 평가를 받게 된 것이다. 아나키즘에 대한 관심은 한국에서도 진행되고 있다. 각종 시민사회운동의 뿌리로서 아나키즘이 거론되고 있고, 일제강

점기 아나키스트 독립운동의 재조명, 자치 공동체 운동, 아나키즘 문예론 등 여러 갈래에서 논의되고 있다.

이러한 아나키즘을 다른 사상과 비교하는 작업도 다양하게 진행되고 있다. 노·장자, 초기 기독교 사상 및 무교회주의, 유가와 양명학, 간디와 헨리 소로H. Thoreau 같은 다양한 개인들과 그린피스 같은 운동 단체에 이르기까지 아나키즘 이론으로 접근하는 영역은 매우 넓어지고 있다. 그러나 필자가 과문한 탓인지 불교와 아나키즘의 비교는 보지 못했다. 이것은 불교를 '깨달음'의 종교로만 본 오해에서 나온 것일 수도 있을 것이다. 불교의 교리를 정치철학으로 치환한다면 아나키즘과 매우 유사할 것이라고 생각해온 필자로서는 항상 아쉬운 느낌이 있었다. 그래서 아나키즘과 불교를 비교해 보는 잡문 형태의 글을 써보기도 했고 지난해 12월엔 아나키즘학회에서 불교와 비교하는 내용을 발표하기도 했다.

정치와 종교는 결코 분리할 수 없다. '정경분리'는 내숭일 뿐이다. 이것은 긴 종교의 역사 속에서 생생한 발자취를 찾을 수 있고 지금도 지구촌 곳곳에서 진행되고 있다. 불교의 하화중생과 자비정신을 사바세계에서 구체화하는 작업 중에는 정치적 영역과 밀접한 관계를 맺은 과제가 많다. 이에 붓다의 사상을 정치철학으로 치환하여 체계적으로 제시하는 것은 의미 있는 작업이라고 생각한다. 이 글은 연구를 위한 글이 아니라 불교 정치철학을 정립하는 틀을 만드는 데 조그마한 디딤돌을 마련하는 계기가 되었으면 하는 바람에서 쓰는 글이다. 따라서 논문의 틀을 벗어나는 자유스러운 글쓰기가 될 것이다.

2. 어떻게 비교할 것인가

1) 어떤 아나키즘과 불교를 비교할 것인가

사상이나 종교는 하나의 생물체와 같아서 시대와 장소에 따라 다양한 모습으로 나타난다. 시간과 공간을 초월한 고정불변한 사상이나 종교는 없다. 아나키즘과 불교도 다양한 스펙트럼을 가지고 있다. 그 다양한 내용에는 언뜻 상반된 모습으로 보이는 경우도 있을 수 있다. 아나키즘은 개인주의 아나키즘에서 공동체주의 아나키즘에 이르는 연결선상에 다양한 모습의 아나키즘이 있다. 그리고 실천 방법을 두고 여러 갈래의 아나키즘이 있다.

아나키즘의 본질을 규명하는 것은 마치 변신술에 능한 제우스의 경호신 프로테우스Proteus와 씨름하는 것과 비유되기도 한다. 왜냐하면 독선과 권위를 배제하고, 완벽한 이론을 거부하면서 자유와 개인적 판단의 우위를 강조하는 아나키즘의 자유인적 태도의 성격은 각양각색의 견해가 발생할 가능성을 이미 열어 놓고 있기 때문이다. 불교도 유사하다. 불교는 여러 갈래의 확장 과정에서 다양한 줄기를 가진 큰 나무가 되었다. 줄기만 보다가는 불교의 정체성이 과연 무엇인가 하는 고뇌가 생길 수도 있다. 그러나 시대와 장소에 따라 변하지만 그 바탕에는 사유의 원형질이 있다. 이것은 마치 식물의 씨앗과 같은 것이다. 이 사유 원형질을 비교해 보자는 것이다.

다양한 아나키즘 속에서 합의된 공통의 사유 원형질은 무엇인가? 아나키즘 사유의 뿌리는 크게 네 가지로 제시할 수 있다. 즉 '자연론적 세계관' '자주인적 개인' '공동체 지향' '권위에의 저항' 등이다. 모든 아나키스트들의 사유 중심에는 위의 네 가지 요소가 뿌리로서 기능한다.

이러한 사유 원형질의 틀로 보는 아나키스트의 현실인식 내용과 특징은 무엇인가? 이를 크게 정리해 보면 '통치 기구에 대한 혐오' '대의제 민주주의에 대한 불신과 참여 정치' '권위주의적 사회주의에 대한 적대' '불평등 사회에 대한 비판' '테크놀로지의 양가성' 등을 제시할 수 있다. 그리고 아나키즘 이상을 실천하는 방법은 매우 다양하다. 아나키즘이 '뒤죽박죽 혼란된 설교자'로 비판받는 것도 실천 방법의 다양함에서 나온 것이라고 본다.[1] 위에서 기술된 내용은 글의 전개과정에서 상론될 것이다.

모든 불교도가 합의한 내용이 있다. 이것은 연기론, 팔정도, 중도, 열반, 해탈, 공 사상, 자비, 보살 등이다. 여기에 제시된 것들은 불교 교리의 키워드라고 볼 수 있다. 이의 구체적 설명은 될수록 간단하게 언급할 것이다. 문제는 두 사유를 직접 비교할 수 있느냐의 문제이다. 마치 바다와 강을 비교하는 것과 같은 오류를 범할 가능성이 있기 때문이다. 이러한 오류를 줄이기 위해서는 불교 교리의 내용을 어떻게 정

---

1 방영준 《저항과 희망, 아나키즘》 이학사, 2006, pp. 27-107 참조.

　　　　　　　　　　　　　아나키즘의 불교적 해석

치철학적 용어로 치환하여 비교하느냐의 문제이다. 이것은 글의 전개 과정에서 계속 유의해야 할 내용임을 잊지 말아야 할 것이다. 더불어 밝혀둘 것은 불교를 정치 이념으로 통치한 역사적 사례들은 비교 자료로서 제외할 것이다. 붓다의 정치 이상을 실천한 사례는 아직 지구 역사상 없다고 보기 때문이다.

2) 어떤 틀로 비교할 것인가

아나키즘과 불교를 '이데올로기의 구조 틀'로 비교하고자 한다. 정치 이념과 종교는 믿음이라는 틀에서 보면 이데올로기적 속성을 지녔다고 볼 수밖에 없다. 이데올로기의 개념은 너무 다양하고 모호하기 때문에 사회과학에서 가장 파악하기 힘든 개념으로 평가된다. 다양한 개념을 사전트L. T. Sargent는 포괄하여 다음과 같이 제시하고 있다.

> 이데올로기는 어떤 집단의 이해 사실이나 진리로서 받아들여진 가치체계나 신념체계이다. 이것은 사회의 다양한 제도와 절차에 관한 일련의 구성이다. 이데올로기는 그것을 믿는 사람들에게는 세계에 관한 사실적이면서도 당위적인 청사진을 제공한다. 그렇게 함으로써 엄청나게 복잡한 세계가 아주 간단하게 이해될 수 있는 것으로 재구성된다.[2]

결국 이데올로기는 사회집단이 정치·사회적 상황에 대해 가지는 행

---

2 L. T. Sargent, *Contemporary Political Ideology*, N.Y., Harcourt Brace & Co. 1999, p.3.

부록

동 지향적이고 일관성 있는 신념체계라고 할 수 있다. 이데올로기의 구성요소에 대한 이론을 종합하고 정리하면 크게 세 가지 요소로 제시할 수 있다. 즉 '상황 규정' '지향 가치' 그리고 '실천 방안'이다. 첫째, 상황 규정은 사회구조 비판이나 정치 상황에 대한 분석과 해석이 포함된다. 따라서 이데올로기는 어느 정도 경험성과 사실성을 갖게 된다. 둘째, 지향 가치는 이데올로기가 지닌 유토피아적 요소를 의미하는 것으로 규범적 당위성을 띤다. 셋째, 실천 방안은 상황 규정을 토대로 하고 지향 가치를 구현하려는 여러 가지 수단, 처방, 정책 등을 나타낸다.

이상과 같이 이데올로기는 인간 상황에 대한 표상과 앞날에 대한 전망과 이상, 이에 따르는 실천 방안들의 변증법적 관계를 이성적으로 성찰하고 논리적으로 체계화한 것이라고 볼 수 있다. 위 세 가지 요소에 문제점이 있고 오류가 있다면 그 이데올로기는 허위나 기만이 되어 실패하고 만다.

정치 이념과 종교는 출발의 기원은 다를지 몰라도 그 구조와 기능은 매우 닮았다. 마치 이란성쌍둥이처럼. 종교의 기원이 이떻든 간에 종교의 믿음체계가 지닌 구성요소와 기능은 이데올로기와 동일하다. 그러나 믿음의 마술에서 벗어난 종교가 바로 불교이다. 불교의 교리체계는 이데올로기의 구성요소로 체계화시켜 볼 수 있지만, 믿음의 마술에서 벗어난 열린 종교이다. 불교는 교리상 '절대적 타자'가 없다. 앞으로의 글 전개는 위에서 살펴본 아나키즘과 불교 교리의 기본 사유 원형을 이데올로기의 세 구성 요소에 맞추어 유사한 내용을 짝으로 병렬시켜 비교해 보고자 한다.

3. 세계관, 우주관의 비교

이데올로기의 첫 번째 구성 요소인 '상황 규정'의 특성은 각각이 제시하고 있는 세계관, 우주관을 보면 알 수 있을 것이다. '자연론적 세계관과 연기론' '상호부조론과 자비정신'을 짝을 지어 비교해 보면서 공통된 특징을 살피고자 한다.

1) 자연론적 세계관과 연기론

다양한 아나키스트 학파는 그들의 철학의 핵심을 연결하는 일군의 공통된 가설에 의하여 결합되고 있다. 그것은 자연론적 세계관이다. 아나키스트들은 이러한 자연론적 세계관을 바탕으로, 인간은 타고나면서부터 자유와 사회적 조화 속에서 살 수 있기 위한 모든 속성을 자기 속에 갖고 있다는 것을 인정한다. 호로비츠I.L. Horowitz는 "아나키즘은 자연이라는 아이디어와 깊이 연관되어 있다."고 말한다. 사실 자연이라는 아이디어에 강박당해 있다고 보일 정도로 '자연' 개념은 모든 아나키즘의 주도적인 이론가들의 저작에 핵심적인 위치를 차지한다.[3]

---

3 방영준, 앞의 책, p. 27.

이러한 자연 개념은 아나키즘의 기본 교의, 즉 권위의 거부, 국가에 대한 혐오, 상호부조, 소박성, 분산화, 정치의 직접 참여 등의 원천이자 토대가 되고 있다. 자연에 대한 이러한 인식, 즉 자연의 유일성, 화합성, 무위성, 자율성이 아나키스트들로 하여금 개인의 자유와 질서 정연한 사회생활과의 조화 내지 통일을 믿게 한 이유일 것이다. 호혜적인 자연성의 문제는 프랑스의 대표적 아나키스트 프루동Proudhon에 의해 '정의'라는 이름으로 표현된다.

자연론적 세계관과 짝을 이루는 것이 바로 연기론이라고 생각한다. 연기론은 붓다 사상의 핵심으로 불교 교리의 출발이자 근원이며, 깨달음과 자비의 원천이다. 연기론적 세계관과 우주관은 아나키즘의 자연론적 세계관과 맥을 같이한다. 이 세상에 존재하는 모든 것은 수많은 원인과 조건으로 생겨나고 소멸한다는 연기론은 존재의 구성 원리에서부터 해탈로 향하는 수행 방법에 이르기까지 다양하게 적용되고 있다. 이러한 연기론은 붓다의 계시나 도리도 아니며, 붓다의 존재 여부와는 관계없이 예로부터 엄연히 존재하는 법칙이다. 붓다 자신은 이 법칙을 찾아 밝힌 것일 뿐이라는 주장을 한다.

두 세계관의 공통점은 모든 존재와 현상을 '의존적 상호 발생depen-dent co-arising'으로 본다는 점이다. 나와 타인과의 관계, 집단과 개인과의 관계, 집단과 집단의 관계, 나와 자연의 관계, 생물체와 무생물체의 관계 등 이 세상의 삼라만상은 상호의존의 관계에 있으며, 이 관계에서 모든 새로운 관계도 형성된다고 본다. 두 세계관은 아나키즘과 불교가 쌍둥이처럼 닮을 수 있게 하는 핵심적 요소이자 출발점이다.

아나키즘의 불교적 해석

2) 상호부조론과 자비정신

상호부조론은 러시아의 성자적 아나키스트이자 《상호부조론》의 저자인 크로포트킨Kropotkin이 제시한 이론으로 아나키즘 이론의 핵심 가치로 받아들이고 있다. 이것은 자연론적 세계관에서 나온 자연스러운 것이라 볼 수 있다. 1914년 출판된 《상호부조론》은 결코 책상머리에서 쓰인 책이 아니다. 크로포트킨은 서론에서 이 책의 탄생 과정을 자세히 적고 있다. 젊었을 때부터 동시베리아와 북만주를 여행하면서 열악한 자연환경 속에서 동물들이 어떻게 생존해 나가는가를 면밀히 관찰하고, 그리고 탐사 장소를 옮겨 다시 확인하는 긴 과정을 통해 나온 책이다. 그는 어떤 교조의 선전자가 아니라 과학과 진리의 탐구자라는 자세를 굳건히 견지한 사람이다. 이 책은 생물학 지리학의 범위를 넘어 인간 삶의 양식과 비전에 많은 지혜를 주고 있다는 점에서 큰 의미를 지니고 있다.

《상호부조론》에 나타난 사상을 요약해 보면 다음과 같다. 즉 인류의 생존은 바로 상호부조 내지 상호협력에 절대적으로 힘입은 바가 크고, 따라서 갈등보다는 협조가 역사 과정이나 그 전개의 근본적인 원동력이라는 것이다. 이러한 크로포트킨의 주장은 만인에 대한 만인의 투쟁을 주장하는 홉스Hobbes의 견해를 전면적으로 부인하는 것이다. 또한 당시 유행되고 있던 적자생존의 진화론에도 반대하고 있다. 그는 상호부조의 정신이 없다면 약탈을 일삼는 동물이나 노예를 거느리는 개미가 멸망하듯이 인간도 반드시 멸망하고 말 것이라고 강조한다. 그가 상호부조의 가치를 바탕으로 한 '윤리학'이라는 대저에 몰두한 것은 바로 이러한 연유에서다.

필자는 크로포트킨의 《상호부조론》을 읽으면서 자비사상의 체취를 흠뻑 느낀다. 즉 상호부조론은 붓다의 연기론 변용이고 화엄사상의 한 지류라고 생각한다. 더 이상의 논의가 필요 없을 정도로 상호부조론과 붓다의 연기법, 자비사상은 완전한 동일선상에 있다.

독일의 저명한 사회학자 울리히 벡ULlich Beck은 현대사회를 '위험 사회'로 규정하면서 새로운 윤리적 성찰의 필요성을 강조하고 있다. 필자는 자비 윤리의 정립과 실천을 한국불교의 제일 중요한 과제로 설정해야 한다고 생각한다. 붓다가 제시한 지혜의 목적은 모든 존재에게 행복을 주고 바른 사회를 만드는 것이라고 본다. 열반의 경지는 모든 존재가 행복을 누리며, 정토 즉 바른 사회에서 사는 것이다. 자비는 바로 우리를 행복하게 만들고 우리 사회를 바르게 만드는 제일 중요한 요소이다. 불교는 자비라는 큰 그릇을 가지고 있다. 그러나 한국불교는 깨달음에 대한 다양한 이론과 방법론을 가지고 있지만 의외로 자비 실천에 대한 것은 미흡해 보인다. 불교가 현대사회와 인간 삶의 현장에서 생동감 있고 효율적 역할을 하기 위해서는 자비 실천에 대한 진지한 자세와 실천이 필요하다.

4. 지향 가치의 비교

이데올로기의 두 번째 구성요소인 '지향 가치'를 비교하는 틀로 '자주적 개인과 대자유인' 그리고 '공동체 구현과 평등 사회'로 짝을 이루어 논의해 보고자 한다. 물론 다양한 지향 가치가 있지만 정치철학적 틀에서는 이 짝이 적절하다고 생각한다.

1) 자주적 개인과 대자유인

개인의 자율과 자주는 아나키즘의 핵심 지향 가치이다. 자주적 개인 없는 아나키즘은 없다. 막스 슈티르너Max Stirner의 에고적 아나키즘, 고드윈Godwin의 인도적 아나키즘, 터커Tucker의 자유방임적 아나키즘 등 다양한 흐름을 가지고 있다. 에고적 아나키즘을 주창한 슈티르너는 대체할 수 없는 개인의 고유한 가치를 지나치게 강조하여 비도덕적으로 보일 정도이다. 개인의 자유와 자율을 억압하는 대상이 무엇이고, 이에 어떻게 대응하느냐에 따라 여러 형태의 아나키스트가 등장한다. 개인의 자율과 자주성의 불꽃 같은 강조는 사회주의에 의문을 품게도 한다. 그렇다고 자본주의 체제가 더 낫다는 확신도 갖지 못하고 있다. 여기서 아나키즘의 이상을 실천할 수 있는 사회체제가 무엇인가를 두고 아나키스트의 입장에 분열이 생기기도 한다.

오늘날 개인의 자율과 자주에 대한 훼손은 외부 물리적인 형태를 띠지 않는 무형의 억압 기제도 많아지고 있다. 푸코는 현대인은 '파놉티콘'에 종속되어 스스로 자신을 통제하는 수감자가 되고 있다고 주장한다. 그는 파놉티콘의 원리에서 엿볼 수 있는 권력 작용이 단순히 감옥이라는 제도에 국한된 것이 아니라 현대사회의 모든 영역에 파고들었다고 말한다. 이와 함께 자기도 모르게 종속의 주체가 되어 개인의 자주와 자율이 포기된다. 이러한 상황에서 문화적 저항 운동 등 다양한 아나키즘 운동이 일어나고 있다.

대자유인은 불교에서 자주 사용되는 용어로서 해탈을 지향하는 사람을 지칭한다. 해탈은 깨달음의 최고 단계로 욕망과 집착에서 벗어나 고통으로부터 해방된 경지를 말한다. 해탈을 정치철학적 용어로 치환시켜 보면 자유와 자주, 그리고 해방적 의미로 볼 수 있다. 즉 행복하고 바른 삶을 저해하는 장애물로부터 해방되는 것이다. 자주적 개인과 해탈의 기본 정신은 자유와 해방이다. 그리고 이러한 자유와 해방의 길은 스스로가 이루어 나가는 자주인의 길이다. 일반인에게는 해탈이라는 용어는 바람과 구름의 냄새가 나는 초월의 언어로 보기 쉽다. 이를 땅으로 끌어내려 정치적 삶에서 대자유인이 가는 길이 무엇인지 진지한 성찰이 필요한 과제라고 생각한다.

2) 공동체 구현과 평등 사회

아나키즘에는 공동체communities라는 주제가 깊게 깔려 있다. 아나키즘의 다양한 이념적 분포도는 '자주적 개인'과 '공동체' 간의 연결 양태에 따라 다양하게 나타난다. 현대 아나키스트들은 수평적 조직을 바탕으로 하면서 자주와 자율 관리를 실천하는 자치 공동체 운동을 전개하고 있다. 또한 생태 공동체 운동에도 많은 관심을 가지고 있다.

먼저 공동체의 개념에 대해 살펴보자. 공동체는 지역적인 차원, 사회적 사회 작용의 차원, 공동의 연대 또는 유대의 차원 등 다양한 차원들과 연결되어 사용되고 있다. 공동체의 개념을 정확하게 사용하기 위한 필요충분조건들을 열거한다는 것은 거의 불가능하다고 볼 수도 있다. 그만큼 공동체는 '열린 개념'이라고 할 수 있다. 그럼에도, 어느 정도 공동체의 속성이나 특성을 그려낼 수 있을 것이다. 그것은 '공유된 가치와 신념' '직접적이며 다면적인 관계' 그리고 '호혜성의 실천'을 들 수 있다.[4]

공동체의 핵심적 특징 중에서 제일 기본적인 것은 공동체의 구성원이 공유된 가치와 신념을 지닌다는 것이다. 물론 공동체는 공유된 가치와 신념의 범위와 강도에 따라 다양하게 달라진다. 실례로 현대의 공동체는 19세기의 공동체와는 달리 많은 개방성을 띠고 있으며 다원적 공동체의 성격이 강하다.

공동체의 두 번째 특징은 구성원들 사이의 관계가 직접적이어야 하고, 이 관계들이 다면적이어야 한다는 것이다. 관계의 직접성은 공동체의 특성을 밝히는 데 매우 중요한 요소이다. 개인들이 어떤 가치와

---

4 방영준 《공동체 생명 가치》 개미, 2011, pp. 196-197.

신념을 공유한다고 하더라도 개인들은 고립된 채 살고 있기 때문에 직접적인 거래를 하기 어려워, 국가 등과 같은 대행자를 통하거나 공동체 자체의 형식적 규약, 이데올로기, 혹은 추상적 개념에 호소함으로써 공동의 목표를 추구하는 경우가 많다. 개인들의 관계가 간접적인 경우는 직접적인 경우보다 상대적으로 공동체성이 약한 것이라 하겠다. 또한 다면적인 관계를 맺은 개인들의 집단일수록 관계가 전문화되고 하나의 영역으로 협소하게 한정된 집단보다 공동체의 성격이 강하다고 할 수 있다. 이렇게 공동체 구성원들의 관계가 얼마나 직접적이고 다면적인가에 따라 공동체의 성격과 강도가 달라진다.

공동체의 세 번째 특성은 호혜성reciprocity이다. 이 호혜성은 공동체의 특성 중 제일 중요한 것이다. 호혜성은 상호부조, 협동과 분담의 조정, 관계 및 교환의 범주를 포괄하는 용어이다. 호혜성의 구조가 변하면 공동체도 변하며, 공동체의 변화는 사회의 변화를 의미한다. 시공을 초월하여 언제나 같은 형태로 존재하는 공동체는 존재할 수 없다. 그러나 공동체가 시대적 상황과 사회제도에 따라 다양한 특성을 지녀왔음에도, 인간들이 추구하는 기본적인 기능, 즉 생존을 위한 욕구충족과 자아를 실현하려는 개인들의 노력은 지속되어 왔다. 이러한 논의는 공동체를 인간들의 의지를 실현하려는 활동무대, 즉 타인과 더불어 살아가는 '삶의 장life field'이라 말할 수 있다. 삶의 장이란 인간의 육체적 생존과 이상 추구를 위해 타인과 상호작용하는 물리적 사회 문화적 범주를 말한다. 삶의 장을 구성하는 가장 중요한 요소가 바로 호혜성이다.

아나키즘의 불교적 해석

공동체에 나타난 공통적인 이념은 무엇인가. 공통적 이상이라고 생각되는 요소들을 도출해 보면 크게 셋으로 요약할 수 있겠다.[5] 첫째 완전성과 전인사상이요, 둘째 평등주의 사상이요, 셋째 박애정신 또는 형제애이다. 먼저 완전성과 전인사상을 살펴보자. 공동체 이념에 나타난 인간은 부분적이거나 단절적인 방식이 아닌 사회적 역할의 총체성 속에서 다른 사람과 만나게 되며, 공동체 내의 모든 상호작용은 포괄적인 유대를 통해서 이루어진다.

다음으로 공동체 사상에 나타난 공통적인 특징 중의 하나는 평등주의적 요소이다. 많은 공동체주의자는 산업사회와 자본주의가 발전함에 따라서 개인과 사회는 분절화되었으며 이전 공동체의 가치들인 박애와 평등 및 공동 정신은 갈등과 경쟁에 의해 대체되어 버렸다고 보았다. 자본주의는 곧 고립화와 분리화의 과정으로 이해되며 화폐와 경쟁이 지배적으로 나타나게 되는 것이다. 따라서 공동체 사회가 이루어지면 경제적 지배와 함께 사회계급은 사라질 것이며 또한 전문화된 기능에 얽매이는 것도 없게 될 것이라고 보았다. 평등사상과 밀접하게 관련된 것이 박애정신 또는 형제애이다. 사회가 우주의 자연법칙과 조화를 이루어 나갈 수 있듯이 인간들도 서로 조화를 이룰 수 있다는 것이 공동체 사상에 나타나 있다.

상기한 세 가지 공동체의 이념들은 매우 고전적인 내용들이다. 따라서 현대사회의 공동체 이념들로 거론하기에는 부적절한 측면도 있을

---

5 방영준, 위의 책, 2011, pp. 192-195.

수 있겠으나 기본 뼈대로서 속성은 가지고 있다고 본다. 1980년대에 자유주의 사상을 비판하고 등장한 공동체주의자들의 지향 가치들은 고전적인 공동체의 기본이념들을 재구성한 것으로 볼 수 있다. 공공선의 우선, 덕 윤리의 함양, 사회적 책임과 의무의 강조, 질서와 자율과의 조화, 공동체의 부의 분배, 사랑의 실천과 참여 등 현대 공동체주의자들이 제시하는 덕목들은 고전적 공동체의 이념들을 구체화한 것이라고 할 수 있다.

불교의 연기론과 자비 정신에서 보면 공동체 정신은 붓다의 평등 사회의 또 다른 표현이라 할 수 있다. 그러나 공동체 사상은 인간의 '사회적 삶의 양식Way of Social life'의 성격으로 볼 수 있지만, 불교의 평등 사회는 삼라만상의 존재론에 대한 성격이 강하다고 본다. 따라서 불교의 평등관을 정치철학적 명제로 치환시켜 볼 필요가 있다. 이는 구체적으로 '정의'나 '불평등' 문제와 직접적으로 연결된다. 오늘날 정의나 불평등 문제는 대부분 '재화의 공정 분배'에 치중되어 있다. 불교의 정치철학에서 평등은 과연 무엇을 의미하는가? 이것은 불교가 탐구하고 고뇌해야 할 중요한 주제라고 생각한다.

이와 관련하여 노벨경제학상을 수상한 인도의 아마르티아 센Amartya Sen의 불평등 이론이 많은 시사점을 주고 있다고 본다.[6] 센은 롤스의 정의론이 재화와 자원의 재분배에만 집중함으로써 물신숭배로 전락하고 말았다고 비판한다. 또한 인간에게 필요한 것은, 개인의 가장 기본

---

6 Amartya Sen, 이상호 역《불평등의 재검토》한울아카데미, 1999, pp. 34-40.

아나키즘의 불교적 해석

적인 욕구인 '기본적 잠재능력'을 실현하는 일이라고 강조한다. 이것이
바로 평등사회를 이루는 것이라고 본다. 여기서 센의 이론을 다 소개
할 수는 없지만, 종래의 평등과 자유의 이분법적 틀을 넘어 윤리적 과
제로서 평등의 문제에 접근한 것은 불교 정치철학의 정립 과제에 많은
팁을 주고 있다고 생각한다.

5. 실천 방법의 비교

이데올로기의 세 번째 요소인 '실천 방법'의 비교는 '자기조직화와 중도' '아나키즘 윤리와 공업의 윤리'로 짝을 지어 살펴보고자 한다. 여기서는 구체적인 실천 방법이 아니라 실천의 방법과 방안의 큰 틀을 비교하는 것이다.

1) 자기조직화와 중도

아나키즘의 특성 중의 하나는 대안과 실천 방안의 다양성이다. 이것은 아나키즘이 '뒤죽박죽 혼란된 설교'로 비난받는 원인이기도 하다. 그러나 아나키스트는 기질상 새로운 사회에 대한 구체적인 청사진을 교의로서 내세우는 것 자체를 거부하는 것이 자연스러운 일이다. 아나키즘과 마르크스주의 갈등도 여기서 출발한다. 바쿠닌Bakunin은 자신을 마르크스와 같은 학설 고안자가 아닌 실천적 혁명가라고 생각한다. 그는 어떤 선험적인 사고나 예정되거나 예측된 법칙이 존재한다는 것을 완강하게 거부하였다. 그는 인간이 스스로 자기 혁명을 그려낼 수 있으며, 인간의 삶을 추상적인 사회학적 공식이라는 프로크루테스의 침대에 강제로 밀어 넣을 수 없다고 믿었다.[7] 바쿠닌은 마르크스가 노

아나키즘의 불교적 해석

동 대상에게 논리를 가르침으로써 모든 사람이 가지고 있는 혁명에의 열정과 저항의 신성한 본능을 억제시켰다고 주장한다. 바쿠닌은 마르크스의 과학적 사회주의와는 달리 아나키즘은 순수하고 본능적인 것이라고 말한다.

아나키즘의 실천 방안은 자기조직화 과정을 통해 다양하게 나타난다고 본다. 자기조직화 이론은 노벨화학상을 수상한 프리고진Iliya Prigogine이 '비평형 계열역학'에서 제시한 이론이다. 프리고진은 그의 저서 《있음에서 됨으로From Being to Becoming》에서 그의 사상에 대한 핵심적인 논의를 제시하고 있다.[8] 그에 의하면 '있음의 세계'는 기계론적이고 결정론적이며, 뉴턴이 발전시킨 고전역학적인 세계관이다. 이에 반해 '됨의 세계'는 진화론적, 유기체적, 비결정론적이며, 이 영역에서는 열역학과 엔트로피 법칙이 적용된다. 엔트로피 법칙은 원래 자연은 질서로부터 무질서로 향하는 경향이 있다는 것이다. 프리고진은 이 엔트로피 법칙을 비평형 통계역학 속에서 새롭게 발전시켜, 질서에서 무질서가 나타나는 것보다 무질서에서 질서가 나타나는 것이 보다 일반적인 자연현상이라고 주장하고 있다.

자기조직화가 자발적, 자율적, 자연발생적 질서 형성이라는 것은 쉽게 상상할 수 있다. 자기조직화는 외부의 명령이나 법칙에 의한 것이 아니라, 내부 규칙의 생성에 따른 자유롭고 자율적인 구조 형성이라고 볼 수 있다. 개체의 자발성이 전체의 질서를 자연히 만들어낸다는 창

---

7 방영준 《저항과 희망, 아나키즘》 이학사, 2006, p.109.
8 일리야 프리고진, 이철수 역 《있음에서 됨으로》 민음사, 1988 참조.

발적인 특징이 바로 자기조직화의 프로세스다. 이러한 자기조직화의 프로세스에서는 설계와 제어의 기능을 무시한다. 설계와 제어는 기계론적 패러다임에서 나온 것이다. 자기조직화를 촉진하기 위해서는 두 가지 요소가 중요하다. 하나는 '미래 비전'의 창출이다. 자기조직화의 프로세스에서 미래는 결코 결정된 어떤 구체적인 모형이 아니다. 미래를 결정하는 것은 무엇보다도 상상력과 창조력을 구사해서 그려보는 미래에 대한 비전이다.

자기조직화 이론과 중도를 짝으로 비교하는 것이 과연 타당한가 하는 논의가 제기될 수 있다. 이에 대한 상세한 논거를 제시하려면 많은 지면이 필요할 것이다. 중도가 독선과 독단을 거부하고 권위적인 방법에 저항하면서 양극단에 치우치지 않고 중정中正의 길로 가는 것이라면, 이것은 자기조직화 이론과 맥을 같이한다고 본다. 또한 자기조직화 이론과 중도 사상은 권위에 대한 저항, 그리고 비판과 자주 정신이 함께 한다고 생각한다. 그렇다 치고 불교의 중도 정신이 오늘의 한국사회에 구체적으로 어떻게 구현될 것인가?

2) 아나키즘 윤리와 공업共業의 윤리

아나키즘과 윤리의 관계는 서먹서먹한 사이처럼 보일 수도 있다. 많은 아나키스트는 역사상 윤리와 도덕의 이름으로 개인과 집단을 억압하고 기만한 사례가 얼마나 많은가를 지적하고 있다. 기실 도덕과 윤리라는 기제를 통해 억압적 권위 체제를 유지한 역사적 사례는 수없이 많다. 그러나 유의할 점은 아나키스트들이 도덕, 윤리 자체를 결코 무시하지 않았다는 점이다. 바쿠닌이 죽기 직전에 윤리학 책을 집필하려 했다는 사실은 주목할 만하다. 크로포트킨은 말년에 《윤리학의 기원과 발달》을 집필했다. 그는 상호부조의 감정 및 정의의 개념과 함께 특히 사람에 대한 관용성, 나아가서 자기부정—자기희생이라고 칭하는 것이 필요하다고 주장하였다. 즉 상호부조, 정의, 자기희생, 이 세 가지 요소가 도덕의 근간이다. 크로포트킨은 이 세 가지 요소야말로 '인간 행위의 물리학'이라고 하면서 윤리의 중요성을 강조하였다.

또한 아나키스트들은 국가주의 윤리와 국가주의 교육에 대해 의구심을 가지고 경계를 한다. 이에 '대응 사회화counter socialization'라는 개념에 유의하고 있다. 대응 사회화는 독립적인 사고와 정치적 자유의 핵심이 되는 사회비판을 할 수 있도록 의도된 학습이다. 이것은 적극적이며 활발한 추론을 장려한다. 이것은 성인으로 하여금 독립적으로 자신이 어렸을 때 배운 것의 가치를 평가할 수 있게 하도록, 사회화 과정에서 학습해 온 것에 대한 재평가를 포함한다. 대응 사회화 과정이 초기 사회화 과정에서 배운 것을 완전히 거부하는 것은 아니다. 초기 사회화 과정에서 획득된 내용들이 대응 사회화 과정과 균형을 이룰 때 효과가 있고 영속성이 있다고 하겠다.[9] 사회화 과정과 대응 사회화 과정의 조화를 '반성적 사회화reflective socialization'라 할 수 있겠다.

아나키즘 윤리와 불교의 공업 윤리는 어떠한 관계가 있는가? 불교

---

9 Shirley H. Engle & Anna S. Ochoa, *Education for Democratic Citizenship*, N. Y. : Teacher's College, Columbia University, 1985 ; 정세구 역 《민주시민교육》 교육과 학사, 1989, p. 50.

의 업業 이론은 붓다 재세 시 외도들의 숙명론을 비판하고자 하는 데서 출발하였다. 업 이론을 숙명론으로 오해하는 경우가 많으나 이는 자신의 행위에 스스로 책임을 지는 책임윤리적 성격이 강하다고 본다. 업 이론은 인간 스스로 자유의지에 바탕을 둔 주체적 자유를 실천하기 위해 나온 것이다. 이것은 나아가 개인 차원의 업뿐만 사회적 차원의 업도 중요시되고 있다. 이것이 바로 공업共業이다.

공업은 사회윤리적 성격을 지니고 있다. 개인윤리는 개인의 도덕성, 즉 개인 의지와 결단에 바탕을 둔다. 반면 사회윤리는 사회구조와 제도의 도덕성에 관심을 가진다. 여기서 사회정의의 문제가 등장한다. '행복하고 바른 사회'로 가기 위해서는 개인윤리와 사회윤리라는 두 바퀴가 함께 굴러가야 할 것이다. 사회의 비윤리성에 책임을 지는 공업사상은 불교의 사회참여에서 윤리적 디딤돌의 역할을 한다고 볼 수 있다. 아나키즘 윤리와 공업의 윤리는 모든 존재와 현상을 의존적 상호관계로 보는 '상호윤리Mutual Ethics'이다. 상호윤리는 타자에 대한 나의 무한한 책임을 강조하는 레비나스Emmanuel Levinas의 '타자 윤리'와 머리보다 따뜻한 가슴을 강조하는 '배려 윤리' 등의 내용을 다 포괄하고 있다고 본다. 상호윤리는 현대사회의 갈등과 문제를 해결할 수 있는 새로운 윤리적 틀이라고 생각한다.

아나키즘의 불교적 해석

6. 맺음말

아나키즘과 불교를 비교하면서, 불교의 교리로 아나키즘을 해석해 보았다. 비교의 적절성에 관해서는 다양한 의문과 논쟁이 있을 것이다. 그러나 이 글은 비교 자체에 목적이 있는 것이 아니라, 비교 과정에서 불교 정치철학의 방향과 체계화에 어떤 시사점을 얻는 데 있다.

미국을 대표하는 교육자이자 사회운동가 파커 파머Parker J. Palmer는 저서 *Healing the heart of democracy*에서 민주주의 발전을 위한 '마음 치유'의 중요성을 강조하고 있다.[10] 저자는 민주주의의 대명사로 불리는 미국 정치의 타락성과 부도덕성에 절망하면서 '마음'의 중요성을 강조하고 있다. 이것은 정치현상에 대한 심리학적 접근이 아니라 마음이라는 훨씬 더 근원적인 차원에 있는 '자아의 핵심'을 가리킨다. 이것은 우리의 모든 앎의 방식들이 수렴되는 중심부를 말한다. 그는 "우리가 자아와 세계라고 이해하는 모든 것이 마음이라고 불리는 중심부에서 하나가 될 때, 우리는 자신이 아는 바에 따라 인간적으로 행동할 용기를 찾을 수 있을 것이다."라고 말한다.

---

10 파커 J. 파머, 김찬호 옮김《비통한 자들을 위한 정치학》글항아리, 2012 참조.

여기서 말하는 용기는 거대한 권력에 맞서는 기백 이상을 뜻한다. 온갖 절망적인 상황에서 마음이 무너지고 절망할 때, 체념하지 않고 자아의 중심을 붙들 수 있어야 한다. 자아의 중심을 붙든다는 것은 두려움을 회피하기 위해 집단 숭배에 열광하거나 사적인 안위와 소비주의에 탐닉하지 않고, 내면의 풍경을 그대로 응시해야 한다. 그래서 당위와 현실 사이의 비극적 간극을 가슴에 품고 견디는 '비통한 자들the brokenhearted'이 될 수밖에 없다는 것이다. 비통한 사람은 창조적으로 긴장을 끌어안고 사는 치열한 사람이다. 파머는 이러한 마음을 키우기 위한 여러 사회화 과정의 역할을 강조하면서 종교의 역할도 강조하고 있다. 미국 기독교가 이 역할을 방치하고 있다고 통탄하면서. 나는 이 저서를 읽으면서 '비통한 자'들은 바로 수행자의 모습이라고 생각한다. 불교에서 제시하는 '정치적 자아'는 바로 긴장을 끌어안고 사는 수행자의 비통한 자세에서 나오는 것이리라.

글을 끝내면서 나의 사유 원형 틀이 과연 무엇일까 생각해 본다. 아마도 불교, 아나키즘, 복합체계 이론이라는 삼각 벨트 안에 있지 않나 하는 생각이 든다. 불교와 복합체계 이론 간에는 매우 친화적인 관계가 형성되어 있고 꽤 많은 연구가 있다. 아나키즘과 복합체계 이론과의 관계도 매우 가까운 이웃사촌으로 보고 있다. 필자는 이에 관한 논문을 쓴 경험을 가지고 있다. 이 글은 아나키즘과 불교의 관계를 쓴 글이니 나는 계속 삼각지 로터리를 헤매는 것이리라.

필자가 보기에는 이 세 가지 사유 특징들의 제일 핵심적인 공동 요소가 '자기조직화'라고 본다. 그런데 이러한 자기조직화는 '요동

아나키즘의 불교적 해석

fluctuation'이라는 과정을 통해 형성된다. 프리고진이 창안한 비평형 계열역학에서 보면, 불안정한 비평형 상태의 작은 요동이 큰 파동으로 변환되어 거시적인 안정적 구조가 나타날 수 있다. 이것이 바로 자기조직화이다. 지금 한국불교와 불교도는 어떤 모습의 요동을 하고 있는가?

글을 끝내면서 불교의 정치철학을 중정주의中正主義로 작명하고 싶은 마음이 언뜻 생긴다.

소천, 금강반야의 길을 걸어간 실천적 사상가

이 논문은 《불교평론》 73호(2018년 봄호) '특집 / 현대 불교의 이상주의자들'에 발표한 원고이다.

1. 글을 시작하면서

소천韶天, 1897~1978 스님에 대한 집필을 의뢰받고 인연의 오묘함을 새삼 느끼게 된다. 필자가 소천 스님을 처음 뵌 것은 6·25전쟁으로 피난 간 마산의 어느 목욕탕 이층집에서다. 당시 소천 스님은 광덕 스님(당시 고 처사로 불림)과 함께 그곳에서 '금강경 독송 구국원력대'를 조직하여 활동할 때였다. 나는 당시 초등학교 2학년생으로 모친의 손에 이끌려 가서 《금강경》 독송 소리를 자장가 삼아 졸던 기억이 지금도 생생하다.

그런데 그 어린 소년이 나이 칠십이 된 지금, 소천 스님의 생애와 사상에 대한 글을 쓰게 되니, 이 인연을 어떻게 표현해야 할까 아득해진다. 필자가 소천 스님을 마지막으로 뵌 것은 1969년 9월이다. 군 입대를 며칠 앞두고 인천의 보각선원에 계신 스님을 뵈었다. 초등학교 졸업 후 처음 뵙는 것이었다. 스님은 장성해 버린 나의 모습에 놀라시고 대견해 하셨다. 스님은 그때 무엇인가 원고를 쓰고 계셨는데, 원고의 내용을 말씀해 주셨다. 활공사상活功思想이라는 것을 처음 들었는데 무척 인상적이었다. 지금까지 내가 지니고 있던 불교적 사유와는 매우 다르게 느꼈다.

며칠 머물면서 원고를 정리해 드리고 싶었지만 사정상 몇 시간의 만남으로 끝낼 수밖에 없었다. 이 몇 시간이 소천 스님과의 첫 번째 인격적 만남이라고 할 수 있다. 배웅하시는 칠순 중반의 스님 모습에서 언뜻 스님이 외로워하시는 것 같은 느낌이 들어 가슴이 짠하였다. 나는 제대를 했고 스님은 돌아가셨다. 청계천 어느 헌책방에서 나는 우연히 어마어마한 제목의 책을 발견하였다. 《전쟁 없는 새 세계 건설의 원리와 방법》이란 책이었다. 느낌이 왔다. 첫 페이지에 스님의 영정이 있었다. 나는 반가움에 서문을 급히 읽어 나갔고, 바로 보각선원에서 정리했던 원고임을 알 수 있었다. 그 책이 소천 스님의 마지막 글이었음을 나중에 알게 되었다.

이 글을 쓰는 것은 소천 스님과의 두 번째 인격적 만남이 되는 것이리라. 《소천선사문집》(전 2권)[1]을 정독하면서 지금 소천 스님을 다시 뵙고 있다. 그런데 스님의 글을 독해하는 것이 쉽지 않다. 스님의 글쓰기 방식과 용어를 이해하는 것이 만만치 않기 때문이다. 이는 스님 스스로 인정하고 있다.

창작이니만치 쉬운 용어를 만들어 쓰지 못함이 미안하다. 어떤 고마우신 이는 쉬운 말을 쓸 것과 남의 학설을 많이 보아 남이 쓰는 용어를 쓰라 했다. 하나 쉬운 말을 써보려고 애쓰겠으나 남의 용어를 배울 거를도 없지만 따라 쓸 생각은 없다. 용어는 제가 본 진리가 있을 때는 저

---

1 소천선사문집간행위원회《소천선사문집》I·II, 불광출판사, 1993.

　　　　　　소천, 금강반야의 길을 걸어간 실천적 사상가

의 용어가 새로 생길 수밖에 없다. 남의 용어를 따다 쓸 때는 독자獨自의 본 진리는 딴 것이 되고 마는 까닭이다.[2]

스님의 뜻에 적극 동감한다. 그러나 어쩌랴. 필자는 서양 사람들의 용어와 이를 번역한 용어에 익숙해 있으니. 그래도 다행스러운 것은 그동안 배우고 가르쳐 왔던 전공이 윤리와 정치철학인바, 바로 소천 스님의 관심 분야와 매우 가깝다는 점이다. 이 글이 스님의 뜻을 왜곡되지 않기를 바랄 뿐이다. 사족 하나. 스님의 글이 옛글 투여서 지금의 글쓰기 맞춤법과 다른 경우가 많지만 그대로 인용하기로 했다. 독자는 불편하겠지만 스님의 체취를 더 가까이 느낄 수 있으리라 생각하기 때문이다.

---

2 《소천선사문집》 II, p. 189.

2. 금강반야金剛般若의 길을 찾아가는 돈키호테

소천 스님이 살아오신 삶의 여정과 글들을 보면서 나는 언뜻 '돈키호테'를 연상했다. 웬 돈키호테? 돈키호테는 스페인의 세르반테스가 지은 세계적인 고전으로 우리 모두의 사랑을 받는 베스트셀러 소설 《돈키호테》의 주인공이다. 돈키호테는 환상과 현실이 뒤죽박죽되어 기상천외한 일을 계속 일으킨다. 거대한 풍차를 보고 나쁜 거인이라 생각해서 칼을 들고 공격하기도 한다. 이 황당하고 우스꽝스러운 돈키호테의 행동이 왜 지금까지 우리에게 회자되고 있는가? 바로 그의 변치 않는 정의감과 이를 실천하는 우직한 용기 때문이다.

소천 스님의 마지막 저서 《전쟁 없는 새 세계 건설의 원리와 방법》의 머리글을 보자. 스님의 돈키호테적 여정이 여실히 나타난다.

나는 온 세계가 전면적 개조를 보기 위하여 이 글을 쓰는 것이며, 다시 전 인류의 업행이 근본적 개조를 보기 위하여 이 글을 쓰는 바이다. 또 모든 생명이 한 몸처럼 살아지기 바라서 이 글을 쓰는 바이며, 다시 전쟁 없는 세계를 건설해 놓기 위하여 이 글을 쓰는 바이다. 그래서 인류와 세계의 근본성을 알려주려 하는 것이며, 이 인간의 식생활과 성생

　　　　　　　소천, 금강반야의 길을 걸어간 실천적 사상가

활의 모든 문제를 해결해주려 하는 것이다. 그리고 이상에서 열거한 모든 문제를 해결하기 위하여서는 전 인류의 천부된 지혜의 힘과 신체의 힘과 탐욕의 힘과 사랑의 힘을 한 사람도 빠짐없이 조금도 남김없이 총동원, 총발휘하여 성공하려는 것이니 이 사실의 적합성 여부는 세계를 근심하시는 모든 지자智者들에게 맡기기로 한다.[3]

출판 역사상 이런 엄청난 발문을 한 저자가 과연 있을까? 더구나 이 불같은 열정이 칠순 중반의 나이에 가능한 것인가? 이 책의 내용에는 현대의 인문·사회과학적 주제가 모두 담겨 있다. 필자는 스님의 관심이 이렇게 넓고 깊고, 그리고 치열함에 놀라움을 금치 못한다. 스님의 참모습은 붓다의 깃발을 들고 금강의 광장으로 뛰어나가는 사회사상가, 사회운동가의 모습이다. 스님의 구체적 삶의 여정이 이를 대변해주고 있다.

소천 스님의 연보를 살펴보자.[4] 소천 스님은 1897년 종로구 적선동에서 태어나 1978년 82세 나이로 범어사에서 입적하였다. 속명은 신세순申世淳이었다. 스님의 생애 기간은 한국 근현대사의 파고가 가장 컸던 격랑의 시기였다고 할 수 있다. 그는 동학농민운동, 청일전쟁, 명성황후 시해 등 격랑의 파고 속에서 망국의 비운을 겪는 시기에 태어났다. 14세 때에 기독교 정동교회에 다니면서 구국의 간절한 기도를 하였으나, 한일합방의 국치를 당하자 교회를 떠나 종교와 사상 등 다양

3 신소천《전쟁 없는 새 세계 건설의 원리와 방법》인천보각선원, 1970, 머리말 참조.
4 《소천선사문집》 II, pp. 572-574.

한 영역을 섭렵하였다. 15세 때 종로에 있는 한남서림 주인으로부터 《금강경》을 받았다고 한다.

23세 때 서울에서 3·1독립운동에 참가한 후 북간도로 탈출해 김좌진 장군 휘하의 독립군 북로군정서에 입대하여 사관훈육부, 사관학교를 수료하고 청산리 전투 등 무장구국투쟁에 투신했다. 하지만 독립군 지도자들의 반목과 대립에 고뇌

소천(韶天, 1897~1978)

하면서 만주를 떠나 북경으로 향했다. 독립군 사관생도 모집을 위해 국내에 잠입하였지만 사정이 여의치 않아 교원 생활과 웅변연구회를 조직하는 등 독립운동 지원 활동을 했다. 이러한 와중에서 일본 경찰의 감시를 피하기 위하여 산중 사찰로 피신하게 되었다. 이를 계기로 불교를 연구하기 시작했고, 《금강경》을 읽고 큰 깨달음을 얻어 구국구세의 사상적 지표로 삼았다. 1935년 39세에 《금강경 강의》를 간행하였고, 1941년 경기도 파주에 토굴을 짓고 불교를 통한 구국구세의 방법 모색에 진력하다가 49세 때 해방을 맞았다.

파주 토굴에서 해방을 맞이한 소천 스님은 다시 절규했다. 남북분단, 좌우의 극한적 대립의 해방 공간 속에서 진정한 독립과 민족정기를 함양하기 위하여 《바른 정신》《독립의 넋》《인류업 개조운동》 등을 저술했으나 《진리도》 1권만 출판되었다. 《진리도》를 읽던 필자는 깜

　　　　　　　　소천, 금강반야의 길을 걸어간 실천적 사상가

짝 놀랐다. 책의 서두에 당시 초대 부통령인 이시영이 추천문으로 한시를 지어 게재하고 있어서다. 그 한시는 다음과 같다.

사상평공애思想平公愛 주의활공덕主義活功德
자종유무풍自靜有無風 하기탐애랑何起貪愛浪
집실진리도執實眞理刀 용권제도력用權制度力
가구세여국可救世與國 보근단성족普勤檀聖族

위의 내용을 보면 소천 스님의 활공주의를 이미 이시영 부통령은 알고 있었다. 《진리도》 서문에는 삼균주의三均主義를 주장한 독립운동가이자 한국독립당을 창당한 조소앙 선생의 글도 실려 있다. "대자유, 대해방의 그 자미滋味가 주관 객관을 포섭하고, 정신과 물질의 양면을 통틀어 훌륭한 새로운 재조직된 것 같은 신세계에 살아볼 수 있을까"라는 문장으로 끝나는 서문을 쓴 것이다. 이것은 소천 스님의 사상이 당대의 민족운동가들에 이미 알려져 있고 그들과 깊이 교유해 왔음을 의미한다.[5]

소천 스님의 치열한 삶의 양식은 1950년대를 기점으로 전환기를 맞게 된다. 6·25전쟁 때 부산으로 피난 온 소천 스님은 1952년 범어사에서 용성 스님의 위패상좌位牌上佐로 동산 스님을 계사로 하여 출가했다. 당시 나이가 56세였으니 큰 결심을 한 것이다. 1952년부터는 마산

---

5 《소천선사문집》 II, pp.190-191 참조.

과 부산에서 《금강경》 독송운동을 전개하였다. '금강경 독송 구국원력대'를 조직하고 《금강경》 사상을 바탕으로 나라와 민족을 구하겠다는 원력을 세웠다. 이때 광덕 스님이 조력자로 함께하였다. '금강경 독송 구국원력대'의 출발지인 마산의 목욕탕 이층집과 마산 추산동의 조그마한 암자 등에서 광덕 스님과 함께 《한글 금강경》 5만 권을 만들었다. 전후의 어려웠던 시기를 생각하면 그야말로 대단한 원력과 정열이 아닐 수 없다. 당시 마산의 '7형제'라는 보살 모임이 적극 참여하고 후원했다고 한다.[6]

1954년 불교정화운동이 일어나자 이에 적극 참여하였다. 1955년 조계종단의 교무부장, 대각사 주지 소임을 보면서 《금강경》 독송 운동을 다시 발동시켰다. 대각회를 출범시키고, 《금강경과 각운동》《활공원론》《진리에서 본 구세 방략》을 출간했다. 이후 불국사와 화엄사의 주지를 역임했다. 말년은 인천 보각사에서 거주하면서 《금강경》 독송 운동을 다시 추진했다. 1970년에는 마지막 저서 《전쟁 없는 새 세계 건설의 원리와 방법》을 펴냈다. 1978년 82세로 범어사에서 입적했다. 다비후 사리를 거두어 범어서 부도전에 봉안하였다.

지금까지 소천 스님의 생애를 개략적으로 살펴보았다. 스님은 한국 근현대사의 파고 속에서 계속 배를 띄워 항해를 끝없이 시도하신 분이다. 또한 만주 독립군사관학교 참모로 재임 시부터 3부작으로 구성된 소설 《독립의 넋》을 쓰기도 했다. 《소천선사문집》 발간을 주도한 광덕

---

6 졸고 〈광덕 큰스님의 향기와 뜻을 기리며〉《전법학연구》 제7호, 불광연구원, 2015, pp. 118-127 참조.

소천, 금강반야의 길을 걸어간 실천적 사상가

스님은 이 소설의 원고를 찾지 못한 것을 매우 아쉬워하는 글을 머리말에 표현하고 있다. 또한 스님은 시와 노래 가사를 지어 자신의 뜻을 나타내곤 하였다.

필자가 소천 스님의 생애를 돈키호테적이라고 표현한 것은 적절하다고 생각한다. 그런데 이 세상의 돈키호테는 외롭지 않았을까? 돈키호테는 선각자이기 때문이다. 보각선원에서 뵌 스님의 마지막 모습이 왠지 자꾸 떠오른다.

참고로 《소천선사문집》 I·II에 실린 저서와 글을 '경전 강의'와 '사상강론'으로 나누어 정리해 보고자 한다. 스님의 일생이 이 저서와 글에 그대로 나타나기 때문이다.

경전 강의

1. 《금강경 강의》 1935년 간행. 재가 법사이던 39세 때 지음. 권상노 박사와 김대은 스님의 추천 서문이 있음.

2. 《금강경 강의》 1965년 간행. 초판의 한문을 줄이고 좀 더 이해하기 쉽게 쓰고자 하였음

3. 《반야심경 강의》 1954년 간행. 하동산 스님의 추천 서문이 있음. 1968년 재간행

4. 《한글 원각경 강의》 1968년 간행. 초학을 위해 한문을 한글로 번역 출간. 경전 한글 번역의 효시로 볼 수 있음.

5. 《천수경》 1956년 간행. 한문 경전을 우리말로 풀어 불교의례에 적용하고자 함.

사상 강론

1. 《활공원론》 1947년 초판, 1953년 중판. 소천 스님 사상의 핵심을 기술.

2. 《조물주 개조와 불이 정책》 1950년대 초반 집필. 활공주의의 실천 방안 모색.

3. 《구국방략원 하편》 1947년 집필. 상편은 유실됨. 문답형식으로 구국 방향 모색.

4. 《진리도》 1949년 출간. 부통령 이시영과 삼균주의 주창자 조소앙의 추천 서문이 실림. 활공주의 핵심 기술.

5. 《공행혈구운동》 1949년 집필. 구국구세 운동의 헌장과 규약 제시.

6. 《근본진리에서 본 구세방략》 1954년 간행. 활공주의 해설.

7. 《새 생각전쟁 없는 새 세계 건설의 원리와 방법》 1970년 간행. 마지막 저서로 활공주의 실천의 이론과 방법을 다양한 영역에서 제시.

8. 《금강경과 각운동》 1954년 출간. 《금강경》 3만 권 불사와 함께 '금강경 독송 구국원력대'에 대한 이론과 실천 방향 제시.

9. 《구호선 6척》 1955년 작성. 백성욱 박사 서문 실림. '금강경 독송 구국원력대'의 신앙생활 방향 제시.

10. 기타 유실된 원고로 《바른 정신》《독립의 넋》소설《인류업행 개조운동》이 있음.

소천, 금강반야의 길을 걸어간 실천적 사상가

3. 구세구국 불교와 활공주의活功主義

　불교를 끄는 두 수레바퀴는 상구보리와 하화중생이라고 할 수 있다. 한국불교의 전통적인 풍토에서는 상구보리는 형님 격이었고, 하화중생은 동생 격이 아니었나 생각된다. 한국불교 지성사에서 상구보리인 깨달음에 대한 논쟁은 매우 다양하고 깊이 있게 논의되어 왔지만, 하화중생에 대한 논의는 당위적 선언만 전개된 것이 현실이었다고 생각된다. 이러한 풍토에서 불교의 사회적 역할을 강조한 선각자로 큰 족적을 남긴 소천 스님의 사상과 행적은 매우 이색적이라 할 수 있다. 소천 스님의 사상과 이상은《금강경과 각운동》에서 극명하게 나타난다.

　한국불교는 닭이 우는 소리가 다섯 해째인데 잠꼬대 소리만 하며 화급火急이 동량棟梁에서도 감몽甘夢에 도취하고 있는 것이다. 신흥 한국의 불자여, 불도의 발생지는 산간이었지만 불원佛願의 결실처는 대도회지여야 한다. 또 불자의 신해信解는 출세적出世的에서부터지만 행증行證은 세간상에서부터 드러나야 한다. 결실이 없는 불교, 행증이 없는 불자 기수가 백천만이라도 무용이다. 이들 각운동에 좀이 되는 용류庸流들은 불교가 국사를 우憂하거나 정치를 논하면 변괴로 안다. 이것은 벌써 옛날 소리다. 이런 무리들은 한국불교를 위하여 교단에서 없어져야 한다. 진리의 주인인 불교가 진리로 되어야 할 국사를 근심치 않고 정치를 논치 않으면 누가 할 것인가? 아불我佛께서는 대우국가大憂國家이며 대우세자大憂世子이시다. 그래서 불을 우웅憂雄이라 부르는 것이다. 또 불께서는 대정치가이시니 나라를 근심하시고 세계를 근심하시어 치세, 치국, 치가, 치신, 치심하시는 그 정치론은 드디어 팔만장경이신 것이다.[7]

민중불교니 참여불교니 하는 용어도 없던 시절인 1950년대에 불교의 사회적 역할에 대한 이러한 인식을 하고 있다는 것은 매우 놀랍다. 이것은 아마도 구국 독립운동을 한 여정과 56세에 출가하여 한국불교의 습과 틀에서 자유스러웠던 때문은 아닌지 짐작해 본다. 여하튼 스님은 상구보리와 하화중생을 역전시켜 놓았다고 할 수도 있다. 이 둘을 이분법적으로 접근하는 것은 물론 아니지만 깨달음이라는 것은 결국 세상을 구하기 위한 방편이라는 주장으로 받아들일 수 있다.

우리가 지향할 사회는 '바르고 행복한 사회'이다. 이러한 사회를 구현하기 위해서는 크게 두 개의 수레바퀴가 함께 굴러가야 한다고 생각한다. 한 바퀴는 개인윤리적 차원이다. 이것은 개인의 도덕성, 즉 개인의지와 결단을 바탕으로 한 것이다. 여기서는 개인의 가치관 정립과 그 실천 방향에 관심을 둔다. 또 하나의 바퀴는 사회윤리적 차원이다. 여기서는 사회구조와 제도의 도덕성에 관심을 가진다. 여기서 사회정

---

7 《금강경과 각운동》;《소천선사문집》II, p. 499.

　　　　　　　　소천, 금강반야의 길을 걸어간 실천적 사상가

의의 문제가 제기된다. 이와 함께 어떤 사회가 정의로운 사회이며 어떻게 정의로운 사회를 실현할 것인가 하는 사회윤리적 과제가 성립한다.[8] 이를 불교 이론에 적용해 보면 상구보리는 개인윤리적 접근법이고 하화중생은 사회윤리적 접근법이다. 소천 스님은 불교 사상의 사회윤리적 측면을 중요시하고 이를 사회 구제의 방법으로 적용하고자 한 것이다. 이것은 구체적으로 활공사상으로 표현된다.

소천 스님의 저술은 크게 두 분야로 나눌 수 있다. 한쪽은《금강경》《반야심경》《원각경》 등을 한글로 번역하여 민중에게 다가가 각성을 꾀하고자 하는 것이다. 다른 한쪽은 구세구국의 이념과 전략에 관한 글이다. 여기에는《활공원론》《구국방책론》《진리도》《전쟁 없는 새 세계 건설의 원리와 방법》 등 9권의 저서가 있으나 그 내용은 상호 중복되면서 '활공주의'를 각기 다른 방법으로 표현한 것으로 볼 수 있다.

소천 스님의 사상을 체계적으로 정리하기는 결코 쉽지 않다. 또한 스님의 글쓰기는 매우 자유분방하고 주제도 광범위하며 다양하다. 게다가 근현대의 문체와 용어를 혼용하고 있어 쉽게 체감되지 않는다. 소천 스님의 사상을 체계화시킬 방법이 무엇일까? 이데올로기의 구조와 연결하여 체계화시켜 보면 소천 스님의 사상 틀을 그려 볼 수 있을 것 같다. 테어본G. Therborn은 이데올로기의 구성 요소로서 세 가지 측면을 열거하고 있다.[9]

---

8 졸저《공동체 생명 가치》개미, 2011, pp. 38-47.

9 G. Therborn, *The Ideology of Power and the Power of Ideology*, London: Verso, 1980, pp. 18-19

첫째, 이데올로기에는 '존재하는 것은 무엇이며what exist 어떤 특징을 지니고 있느냐 하는 인식이다. 따라서 우리는 누구이며, 이 세계는 무엇이며, 자연, 사회, 인간은 어떻게 생겼는가에 대한 해답을 모색하고 정체감sense of identity을 획득하게 된다.

둘째, 이데올로기에는 '무엇이 좋은 것이고what is good, 정의이며, 미이며, 향유할 만한 것인가'에 관한 요소가 포함된다. 이러한 구성 요소에 의해 우리의 바람이 형성되고 표준화된다.

셋째, 이데올로기는 '무엇이 가능한 것이고what is possible 불가능한 것은 무엇인가'에 관한 요소를 포함한다. 여기서 인간의 희망과 꿈을 어떻게 실현할 수 있느냐의 실천적 문제가 제기된다.

위의 구성요소를 간단히 정리해 보면 '세상 만물과 인간에 대한 표상과 진단' 그리고 '지향 가치와 이상적 사회의 제시', 마지막으로 '구체적 실천방안들의 변증법적 관계에 대한 논리적 정리'로 요약할 수 있다. 위의 세 가지 구성 요소를 통해 소천 스님의 사상적 특징을 살펴보고자 한다.

1) 사상적 원천: 금강반야金剛般若

이데올로기의 첫째 구성 요소인 세상과 인간에 대한 표상과 진단은 이데올로기의 원천이자 출발점이다. 그러면 소천 스님 사상의 첫 출발점이자 원천은 무엇인가? 이에 대한 대답은 소천 스님과 일생 동안 뜻을 같이한 광덕 스님이 다음과 같이 명확히 밝히고 있다.

소천, 금강반야의 길을 걸어간 실천적 사상가

노사 필생의 근거가 무엇이었던가? 그것은 다름 아닌 금강반야이다. 망국의 비운 속에서 《금강경》을 만나고 독립투쟁 과정에서 《금강경》을 읽었으며 세계적 사상 혼란의 와중에서 금강반야밀다에 눈떴던 것이다. 그로부터 노사는 생명을 얻고 눈을 얻어 그 생애를 펼쳤던 것이다.[10]

이번에는 소천 스님의 글 〈금강경 독송 구국원력대 취지〉 전문을 살펴보자.

나라와 세계는 미증유의 중대 단계에 다다랐다. 마지막 결정을 낼 순간 전이다. 이것이 구하여질 진리 주인으로도 그 손길을 내밀 때가 정히 이때인 것이다. 그래서 금빛의 신호는 벌써 온 것이니 즉 정正의 빛이 이 땅에 임하였다. 이는 이 땅에 화합의 신으로 강림하는 금비둘기가 그것이다. 또 이와 때를 같이하여 외치는 소리도 있는 것이다. 이는 새벽을 알리려 날 빛을 받으며 우는 닭의 소리가 그것이다. 금비둘기는 정견正見을 보여주는 《금강경》이 이것이요 금닭의 울음소리는 우리 말로 번역되어 원력대들의 입으로 독송하는 소리가 그것이다. 우리는 금닭이 되어 자꾸만 울자. 인류의 잠이 깨이도록 자꾸만 울자. 우리는 《금강경》으로 우는 금닭인 것이다.[11]

---

10 소천선사문집간행위원회 〈문집 간행에 부치는 말〉《소천선사문집》 참조.
11 《소천선사문집》 II, p. 501.

그러면《금강경》의 내용이 구체적으로 활공사상에 어떻게 나타나고 있는가? 이를 자세히 논하는 것은 지면 관계상 불가능하다. 그러나 저서《활공원론》의 '제1장 활공의 기본원리'에서 제시한 7가지 원리를 보면 바로《금강경》의 체취를 한껏 느낄 수 있다. 이 7가지 원리는 다음과 같다.[12]

▲무정법無定法과 미지법未知法 ▲물심불이物心不二 개설 ▲활정법活定法과 무활정법無活定法 ▲업행業行 개조론 ▲초불이론超不二論 개설 ▲탐애와 입공立功 ▲진리의 귀숙처歸宿處와 주재지主宰地

위의 내용은《금강경》에서 도출한 활공주의의 텃밭이다. 이를 바탕으로 구세구국의 방법을 제시하고 있다.

2) 지향가치: 바르고 평화로운 활공 세계 구현

소천 스님의 지향가치의 핵심은 '활공주의'이다. 활공주의에 대한 스님의 뜻을 직접 살펴보도록 하자.

활공주의는 무엇 하는 주의인가? 국가와 민족을 구하며 세계와 인류를 구하는 주의라고 자신 있게 말하고 싶다. 이유로는 명칭과 같이 살리는 공功이 있는 주의인 관계이며, 또 살리기로 공을 삼는 주의인

---

12 위의 책, pp. 28-47.

소천, 금강반야의 길을 걸어간 실천적 사상가

까닭이다. 말하자면 진리공眞理功을 살려서 만사와 만위를 살림으로써 병든 국가와 병든 세계를 살려내는 공을 세우자는 것이다[13]

활공주의의 주장에는 항상 '삼본사상三本思想'과 '무대립사상無對立思想'이 제일 많이 거론된다. 활공주의를 뒷받침하는 기초 이론이라고 할 수 있을 것이다. 삼본사상은 평등, 공심公心, 자비박애로 구성되어 있다. 이 삼본사상은 '공허리空虛理' 이론에서 도출한 것인데 이는 《금강경》에서 원용된 것으로 보인다.[14] 이 삼본사상은 무대립사상으로 연결되거나 동일시된다. 무대립사상의 설명에서 소천 스님의 사상을 더욱 명확히 파악할 수 있다.

무대립이란 것은 타를 대립하지 않음으로 이 까닭에 무대립인 것이 아니고, 대립할 타가 없는 진아이므로 무대립인 것이다. 독존이란 말도 그렇다. 타 존재성을 부인, 또는 무시하고 자만을 인정하는 독존이 아니라, 인정받을 자타를 동시에 부정하고 있는 진아의 독존인 것이다. 초불이超不二도 그렇다. 둘이 아니라면 하나에서는 대립이 없을 듯하지만, 아니다. 하나는 이에 둘이나 타나 이異를 인정함에서 생긴 언사이기 때문에 벌써 대립이 되고 있다. 이 까닭에 '하나에서 하나도 없는 하나'인 진리에서만 진시 대립이 없겠기에 초불이超不二라고 해 본 것이다. 이러한 진리의 무대립사상은 인인개개가 진선미를 다 같이 수용

---

13 위의 책, p. 282.
14 위의 책, pp. 229-230.

하고 있을 것이다.[15]

필자는 방대한 스님의 문헌 속에서 위의 인용구가 스님의 사상을 명확하게 압축하고 있다고 생각한다. 스님의 글쓰기는 주제가 방대하고, 자유분방하고 형식을 무시하고 있기에 지금의 용어로 쉽게 간추리기 쉽지 않던 차에 위의 인용구를 발견한 것은 필자에겐 행운으로 느껴진다. 필자는 이 글을 보면서 현대의 많은 사상과 밀접하게 연결될 수 있음을 직감하고 감탄하였다.

특히 스님의 무대립사상은 프랑스 철학자 레비나스E. Levinas, 1906~1995의 '타자윤리학'을 연상시킨다. 타자윤리학은 타자의 존재 자체를 '윤리'라고 보면서 타자 덕분에 나라고 하는 존재가 성립한다고 본다. 그 외에 무대립사상은 상호윤리, 공동체 윤리, 생태환경 윤리, 평화 윤리 등 현대의 윤리이론의 이론적 틀과 연결되어 있고, 각종 정의론 등 현대의 사회사상과도 맥락을 같이하고 있다. 스님은 활공사상을 '산이치'로 보면서 일체 상대가 서로 상대를 살리면서 자기도 살아가는 것으로 본다. 이것은 현대 사유의 제일 큰 흐름이라고 생각한다. 스님의 글을 인용해 보면 확연하게 나타난다.

유有가 무無도 살려서 유로 살아나는 것이다. 물物과 심心도, 전全과 개個도, 유산有産과 무산無産도, 유능과 무능도 다 그런 것이다.[16]

---

15 위의 책, p.374.
16 위의 책, p.393.

활공주의는 이념적으로 매우 개방적인 성격을 띠고 있다. 스님은 놀랍게도 아나키즘, 공산주의, 자유주의, 삼균주의, 삼민주의 등을 거론하면서 활공사상을 강조하고 있다. 공산주의와 자유주의자본주의가 서로 갈등하고 싸우는 것은 활공의 발동처發動處를 알지 못한 이유라고 본다. 이 사상들이 한 발씩만 더 내놓으면 저절로 활공주의에 합할 것으로 본다. 즉 모든 이념이 폐쇄성에서 벗어나 상대를 살리는 '산 이치'로 갈 때 진정한 공산주의가 되고 진정한 자유주의가 될 수 있다는 것이다. 그러면 미소 양 진영으로 대립된 갈등 구조가 해소되고 공존 공영할 수 있다고 본다. 남북이 전쟁을 하고 극단적인 이념 갈등을 겪는 시대에 이런 주장을 했다는 것은 매우 놀랍다. 신념의 늪에 빠지는 이데올로기의 함정에서 벗어나 '산 이치'로 이념의 순기능을 살리고자 한 것이다.

3) 활공의 실천: '산 이치' 구현의 방안들

소천 스님의 사상을 조명함에서 매우 특이하고 신기한 점이 있다. 바로 활공사상의 이상을 구체적으로 실천할 수 있는 방안에 대해 많은 고뇌와 탐구를 하였다는 점이다. 대개의 사상가들은 이데올로기의 세 가지 요소 중 두 가지 즉 현실진단의 틀과 지향가치를 제시하는데 많은 부분을 할애한다. 구체적 실천 방안은 시공간에 따른 전략 전술적 성격이 강해 대개 그 추종자들에 의해구체적으로 나타나는 경우가 많다. 그런데 소천 스님의 경우는 전혀 그렇지 않다. 스님의 글에는 마치 사회정의와 풍요를 위한 정책 입안자와 집행자와 같은 자세가 물씬하다. 이것은 그만큼 스님의 사상이 관념적이 아니라 구세와 구국의 구체적 방안을 실천하려는 치열함에서 나온 것이라 하겠다.

활공사상에 관한 스님의 글 중에서 절반 이상이 구체적 실천방안을 모색하는 것이다. 《조물주 개조와 불이정책》《구국방략원》《진리도》《공행혈구운동》《근본진리에서 본 구세방략》《전쟁 없는 새 세계 건설의 원리와 방법》등 저술의 제목에서 스님 사상의 실천성을 느낄 수 있을 것이다. 실천 방법의 원칙은 '산 이치'를 되살리는 것이다. 활공 법칙은 원래부터 실현되어 있는데 이 법칙이 고장이 나서 그 원인을 찾아 치유하는 것이다. 그래서 고장이 발생한 경로를 찾아 활공의 이치를 구현할 수 있다는 것이다. 스님이 제시한 구체적 실천 영역이 하도 방대하고 다양하여 이를 요약하기가 쉽지 않다. 그를 크게 정치적 영역, 경제적 영역, 종교적 영역으로 나누어 볼 수 있다.

(1) 정치적 영역

스님의 글에는 남북 분단과 평화, 그리고 현대의 정치이념에 대한 견해와 주장들이 많이 있다. 이것은 스님의 독립투쟁 등 구국 활동에서 나온 자연스러운 현상이라고 볼 수 있다. 스님은 '인간의 모순을 정리하는 것이 정치'라고 보면서 정치의 갈등과 대립은 탐애와 유무 대립으로 생기는 것으로 본다. 인간은 탐애적 존재로서 탐애를 떠나서는 존재할 수 없다. 따라서 탐애를 '산 이치'로 어떻게 활용하느냐가 큰 과제이다. 자본주의와 공산주의 등은 인간의 탐애를 산 이치로 활용하지 못하기 때문에 불완전하다는 것이다. 두 이념이 탐애를 '산 이치'로 활

　　　　　　　소천, 금강반야의 길을 걸어간 실천적 사상가

필자와 소천 스님. 필자의 국민학교 시절

용한다면 사이좋게 공존할 수 있다고 주장한다. 나아가 인간의 탐애를 '산 이치'로 활용할 수 있는 방법에 관해 다양한 측면에서 제시하고 있다. 여러 면에서 숙고할 과제가 매우 많으나 지면 관계상 생략한다.[17]

또한 탐애의 늪에 빠진 인간은 유무 대립의 갈등에 빠진다. 정치가는 국민이 유무有無의 상전이 되게 하면 선정善政을 하는 것이요, 유무의 충복이 되게 하면 악정惡政을 하는 것이라고 주장한다. 유무의 충복이 되면 전쟁을 하고, 핵무기를 만드는 등 인류가 자멸할 수 있는 짓을 하면서도 자랑을 한다는 것이다. 우리의 협소한 이념적 갈등과 세계 정치 상황을 볼 때 많은 교훈을 담고 있는 내용이다. 이념의 함정에 빠져 이념의 노예가 되지 말고, 이념을 인간 삶의 질을 향상시키는 도구로 활용하고자 하는 현대 정치철학의 과제가 제시되고 있다.

---

17 위의 책, pp. 396-413에 구체적 실현 방법에 관한 내용이 있음.

(2) 경제적 영역: 개전여일個全如一의 평등 실천

경제적 영역의 실천 과제의 핵심은 평등이다. 그러나 스님이 주장하는 평등은 절대적 평등이 아니다. 그렇다고 상대적 평등이나 비례적 평등도 아니다. 스님은 활공주의의 '산 이치'를 경제에 적용시킬 수 있는 방안을 모색하는 것이었다.

산 이치에서는 일체상대가 서로 상대를 살리면서 자기도 살아가는 것이다. 유가 무도 살려서 유로 살아나는 것이다. 물과 심도, 전과 개도, 유산과 무산도, 유능과 무능도 다 그런 것이다. 우리 일신一身에서도 그런 것이다. 이목구비 등 개체가 전체를 살릴 때 개체도 살아나는 것이다.[18]

위의 내용은 개체가 전체를 살리고 전체가 개체를 살리는 '개전여일의 평등론'이라 할 수 있다. 스님의 평등론에서 제일 특징적인 것은 인간의 본능을 이용하라는 것이다. 인간의 본능을 탐애의 욕구와 혜능慧能의 본능으로 보고 이 본능을 산 이치로 이용하여야 한다는 것이다. 탐애의 욕구를 지혜롭게 관리할 때 혜능의 본능도 가동하여 정의의 길로 갈 수 있다는 주장이다. 이를 제도로 실천하기 위하여 '공급차이 조절법' '논공행상법' '잉여혜능 부패방지' 등의 각종 제도를 제시하고 있다. 이러한 소천 스님의 사상을 현대 사회사상과 연결시켜 보면 많은

---

18 위의 책, p.393.

소천, 금강반야의 길을 걸어간 실천적 사상가

시사점을 발견할 수 있다.

(3) 종교의 영역

소천 스님은 문화와 종교에 대해 많은 언급을 하고 있다. 지면 관계상 종교혁명을 촉구하는 스님의 글을 살펴보자.

모든 종교가들이여, 안으로 보이지 않는 우상을 모시고, 사후의 천당을 동경함보다 밖으로 보이는 성수聖數를 모시고, 생전 실현의 천당을 향유함이 더 정확하지 않은가? 마음의 우상을 집어치우고 그 자리에 성수평등신을 모시는 것이 어떠한가? 성수평등신은 탈 벗은 삼위일체신이시니, 평등은 성부聖父시오, 공심은 성자聖子시오, 자비는 성신聖神이신 것이다.[19]

오늘날 현대종교의 문제점과 사회적 역할을 모색하는 많은 논의가 전개되고 있는 현실을 생각해 보면 스님의 종교관이 얼마나 선구적인 것인가를 체감하게 된다.

스님은 현실의 기독교 신앙의 많은 문제점을 거론하면서, 예수의 재강림은 육신을 말함이 아니요, 그가 실천궁행으로 보여준 평平·공公·자慈라고 주장하면서 바른 신앙을 강조했다. 그러면 불교는 어떻게 보는가?

---

19 위의 책, p. 451-452.

불법의 숭배 대상은 불·법·승 삼보이다. ……불은 각의 체성體性이
므로 평등이요, 법은 각의 법칙으로 공심이요, 승은 불보와 법보의 화
합이므로 자비인 것이다. 이러한 진리를 지닌 삼보만은 실천궁행實踐躬
行에서만 가치가 발생된다. 실천궁행의 완수가 곧 성불인 것이요, 실습
은 곧 수행인 것이며, 성불의 길인 것이며, 보살의 도인 것이다. 면벽관
심面璧觀心의 구불수도求佛修道보다도 실물실제를 실습실행하는 구불구
법이 되어야 한다. 이것이 바로 정혜쌍수가 되는 것이며……[20]

위의 글에 오늘날 한국불교 교단에서 중요 과제로 논의되고 있는 내
용이 다 포함되어 있다. 특히 종교 간의 화합에 큰 관심을 보이고 있
다. 또한 스님은 종교와 과학의 일체화를 주장했다. '과학의 완수를 촉
구함'이라는 소제목의 글에서 과학이 없으면 진정한 종교가 없고, 종교
가 없으면 진정한 과학이 없다고 하면서 과학과 종교가 하나가 될 때
진정한 세계평화가 온다고 주장했다.[21]

스님의 종교에 대한 문제의식은 오늘날 한국의 종교계가 가지고 있
는 고뇌를 그대로 표현하고 있다.

---

20 위의 책, p. 456.
21 위의 책, pp. 459-462.

소천, 금강반야의 길을 걸어간 실천적 사상가

4. 맺음말

─활공의 화두를 어떻게 풀 것인가

소천 스님의 생애와 사상을 탐사하면서 스님은 현대 한국 불교사에서 매우 특이한 위치를 차지하는 탁월한 사상가라고 평가할 수 있다. 그러나 스님은 불교계에서 생소한 편이다. 소천 스님의 사상이 세간에 가까이 다가온 것은 1993년 광덕 스님과 소천 스님 맏상좌인 창봉 스님이 주도하여 발간한 《소천선사문집》I·II라고 볼 수 있다. 소천 스님에 대한 글은 효림 스님과 대학 시절부터 활공사상에 심취한 권경술 교수 등 재가불자가 집필했다. 또한 광덕 스님의 전법 활동을 조명하는 여러 글에서 소천 스님이 단편적으로 소개되곤 하였다. 김광식 교수는 《우리 시대의 큰스님》이라는 책에서 근현대 고승 31인에 소천 스님을 선정하여 스님의 행적과 사상을 종합적으로 소개하고 있다.[22]

소천 스님의 사상은 광덕 스님의 불광 운동으로 이어졌다. 56세에 비구가 된 소천 스님과 20대 청년인 광덕 스님의 만남은 평생 지속되었는데, 두 분은 나이를 넘어 '뜻'으로 도반이 되었다는 점에서 특이한 경우라고 할 수 있다. 소천 스님의 '뜻'은 그가 시대를 앞선 선각자임을

---

22 김광식 《우리 시대의 큰스님》 인북스, 2015.

말해준다. 금강반야에서 도출한 활공사상은 현대 한국불교가 나아갈 비전과 좌표를 제시하고 있다. 하화중생의 실천불교 지향이 바로 활공사상이다. 오늘날 많이 논의되고 있는 공업共業도 이미 활공사상에서 펼쳐진 것이다.

서구의 저명한 불교학자 콘즈E. Conze는 현대사회와 문명이 불교에 큰 도전을 하고 있다고 주장하며, 이러한 도전에 대한 새로운 응전의 자세를 강조하고 있다. 또한 과거의 교의를 해석하는 데 상당한 '적응'이 필요함과 동시에 일대 전환이 필요하다고 주장한다. 붓다의 다르마는 항상 여실如實하지만 대상과 시절을 따라 연기한다. 붓다 다르마가 새로운 시절을 맞아 장엄한 모습으로 어떻게 현현할 것인가? 이것이 바로 소천 스님이 던진 활공의 화두이다. 오늘의 한국불교가 이 화두를 어떻게 풀어가야 하는가.

이 글을 쓰게 된 인연에 깊이 감사한다. 이제야 나는 소천 스님과 만난 것이다.

소천, 금강반야의 길을 걸어간 실천적 사상가

붓다의 정치철학 탐구

초판1쇄 인쇄 2020년 9월 1일
초판1쇄 발행 2020년 9월 10일

지은이 : 방영준
펴낸이 : 김향숙
펴낸곳 : 인북스

주소 : 경기 고양시 일산서구 성저로 121, 1102-102
전화 : 031 924 7402
팩스 : 031 924 7408
이메일 editorman@hanmail.net

ISBN 978-89-89449-76-8 93340

ⓒ 방영준 2020

값 14,000원

이 도서의 국립중앙도서관 출판예정도서목록(CIP)은 서지정보유통지원시스템 홈페이지(http://seoji.nl.go.kr)와
국가자료종합목록 구축시스템(http://kolis-net.nl.go.kr)에서 이용하실 수 있습니다. (CIP제어번호 : CIP2020035751)